EESTI SALALUURAJA

Tõsilugu vastupanust Nõukogude rõhujatele

Reinolt Tõnis Tofer

Ken Hallenbeck

Vidreya Publishing
www.vidreya.com

© 2025 Ken Hallenbeck. All rights reserved.

No part of this publication may be reproduced, distributed, or transmitted in any form or by any means without the prior written permission of the publisher, except as permitted by U.S. and international copyright law. For permission requests, contact Ken Hallenbeck (ken@vidreya.com).

Book Cover and Pictures provided by Reinolt Tofer, all rights reserved. Map of Europe provided by Wikimedia user TUBS and recreated with edits under CC BY-SA 3.0.

Second Edition
Tõlkinud Erkki Sinijärv

SISUKORD

Saatesõna	3
Eellugu	4
1. PEATÜKK	
Eesti	10
2. PEATÜKK	
Austria ja Rootsi	25
3. PEATÜKK	
Lodge-Philbini seadus	35
4. PEATÜKK	
Ameerika Ühendriigid	41
5. PEATÜKK	
Põhja-Korea	48
6. PEATÜKK	
Saksamaa	52
7. PEATÜKK	
Berliin	59
8. PEATÜKK	
Monaco	65
9. PEATÜKK	
Euroopa tander	69
10. PEATÜKK	
Väljumisplaan	76
Järellugu	80
LISA	85

Saatesõna

Käesolev raamat jutustab eesti mehest, kelle nimi on Reinolt Tofer, hüüdnimega Rein. Ta sündis Eestis 1934. aastal, kuid pidi perekonnaga põgenema, kui Nõukogude Liit Teise maailmasõja ajal Eestisse tungis. Rein kasvas üles sõjapõgenikuna Rootsis ja astus külma sõja ajal Ameerika Ühendriikide armee 10. eriväeüksusse. Eesmärgiks oli punaarmeelaste metsiku käitumise eest Eestis kätte maksta.

Ühendriikides on palju kirjutatud Teise maailmasõja mõjust Suurbritanniale, Saksamaale, Poolale, Venemaale ja Jaapanile, aga vähem on pööratud tähelepanu väiksematele maadele, kus sõja tulemusel nii ühiskond kui ka inimelud pahupidi keerati. Eesti, väike Balti riik, millel on Venemaaga ühine idapiir, on üks nendest väiksematest maadest. Teise maailmasõja alguseni pani Eesti aastakümneid Venemaa survele vastu, kuid jäi lõpuks Venemaa mõjusfääri ja tehti Nõukogude Liidu osaks. Eesti iseseisvus taastati 1991. aastal.

Venemaa tungis Eestile kallale 1941. aastal. 80 aastat hiljem ähvardab Venemaa jälle naabrite iseseisvust. Reinu elusündmused näitavad ilmekalt, kuidas agressioon mõjus inimestele, kes sõjale jalgu jäid. Need sündmused on minevikust, ent nad annavad aimu, milliseks tänapäevalgi inimsaatused sõjaoludes kujunevad. Käesolev raamat hõlmab Reinu elust esimesed kolmkümmend aastat ja on kirjutatud pealtnägijate tunnistuste põhjal 2022. ja 2023. aastal.

Õnnekombel on säilinud ka fotosid inimestest ja paikadest Reinu eluteel. Fotod on paigutatud peatükkide vahele ja raamatu lisasse. Privaatsuskaalutlustel võivad mõned nimed, asukohad ja kuupäevad muudetud olla.

Eellugu

1. mail 1958. aastal astusin Lääne-Berliinis rongile. Et kaasreisijate seas mitte silma torgata, olin sõdurivormi asemel erariietes. Rangelt võttes polnud reeglitekohane üksinda missioonile minna, aga ma ei saanud lasta venelastel segamatult liitlaste territooriumil kommunistlikku propagandat levitada. Olin ise pealt näinud, mida venelaste valed maa ja rahvaga teha võivad. Ma olin näinud, kuidas propaganda mu kodumaa lõhestas. Ühendriikide armeega liitudes olin tõotanud kõigi kannatuste eest kätte maksta, mida punaväelased mu perekonnale olid põhjustanud. Nii et seal ma siis nüüd olin mööduvat linnamaastikku vaatamas, kui rong jaamast väljus ja Mannheimi poole sõitis.

Ohu olemus Mannheimis oli hägune. Vastloodud 10. eriväeüksuses olid minu missioonide aluseks enamasti Ida-Berliini informaatoritelt tulnud kuuldused. Teadsin vaid, et töörahva pühal on oodata venelaste aktiveerumist mitmetes liitlasvägede okupatsioonitsooni tööstuslinnades. Üksi olles pidin piirduma tähelepanekutega ja pärast Berliinis ette kandma, kui midagi kahtlast märkan. Vaatasin istudes enda ette ja nägin, kui tugevasti mu käed on rusikasse surutud, kui üritasin rinnus pulbitsevat raevu maha suruda. Ma vihkasin venelasi ja seda mürki, mida nad levitasid. Samas teadsin, et ma ei tohi neid üksi olles takistada, sest see võiks nii missioonile kui ka mulle endale saatuslikuks saada. Aga ma tahtsin väga. Teadmine, et tohin ainult tähelepanekutega piirduda, see tähendab ainult pealt vaadata, ajas vihale.

Vaatasin aknast välja ja nägin, et rong oli linnast välja jõudnud. Taamal paistsid maakohtade lauged künkad heledate kevadlilledega. Tore oli mõneks ajaks suurest linnast eemale pääseda. Kui rong möödus madalast niidust, nägin tähnilisi orhideelisi, lillasid ja valgeid, mis suviti Eestiski kasvasid. Viha andis järele. Otsustasin oma kohust täita. Erariietes pääseksin Nõukogude kontrollpunktist Ida-Saksa piiril läbi. Seejärel pidin Mannheimis olukorda jälgima, tähelepanekuid tegema ja Berliini teavitama.

Mannheimi jõudes rong aeglustas ja pidurite kriisates lõpuks peatus. Mõnede kaasreisijatega koos läksin rongilt maha. Jaama juurde oli kuulda karjumist ja linnaväljakul nägin rahvahulka kogunemas. Võtsin suuna otse lärmi poole ja astusin pikkade sammudega, saapad mütsumas vastu munakivi. Juba enne kui räägitavatest sõnadest aru sain, teadsin, et tegu on just nimelt venelaste aktiveerumisega, mille kohta pidin tähelepanekuid tegema.

Kaks tegelinskit seisis rahva keskel kastide otsas, nii et nad Mannheimi suure kivist veetorni ette kogunenud rahvahulgast paari pea jagu üle ulatusid. Surusin käed tasku, püüdsin aeglasemalt astuda ja hajameelselt uudishimuliku juhumöödujana näida. Jõudnud rahvahulgani, keda võis olla umbes sada inimest, sain aru, et kogu lärm lähtus nendest kahest kastide otsas seisvast isikust. Kordamööda lõugasid nad kapitalismi pahedest ja rahvas kuulas, suu ammuli. Olukord pani mind kulme kergitama. Venelaste häbematusel ei paistnud piire olevat. Mannheim oli sadu kilomeetreid liitlasvägede okupatsioonitsooni sügavuses ja ilmselt köitis rahvahulka pigem vaatepilt kahest röökivast seltsimehest kui huvi kommunismi vastu.

Jälgisin neid tegelasi mõnda aega. Kuigi nad venelaste moodi välja ei näinud ja rääkisid aktsendita, olid nad ilmselt Nõukogude agendid, keda oli saadetud tehasetöölisi mässule õhutama. Rahvast enam juurde ei kogunenud, mis oli iseenesest hea, aga vähemaks ka ei jäänud. Ma surusin huuled kokku. Kuidas võisid inimesed seda jama nii pikalt kuulata ja mitte midagi vastu öelda? Ma teadsin, et nad polnud tunda saanud neid õudusi, mis selle kihutuskõne taga olid. Nad olid küll sõjakoledusi tunda saanud, aga mitte venelaste okupatsiooni, vähemalt seni mitte. Loodetavasti ei peagi nad seda kogema. Selleks ma ju siin olingi. Aga mina teadsin omast käest, millega tegu on. Minu varasem otsus märkamatuks jääda haihtus ning viha ajas mul taas vere keema. Oli viga lasta lapsepõlvel meenuda.

Pikem kahest kommunismijutlustajast oli andekas kõnemees. See seltsimees kõneles sellise innuga, mis silma torkas ja meeli liigutas, kuigi ta jutt valedest kubises. Tegu oli sellesama vana propagandaga alates pikkadest töötundidest ja madalatest palkadest oma seltsimeeste vastu töötamiseni. Ta jutt kiirenes, kui ta püüdis rahvast elavdada. Vastuseks tärkas rahva seas hoopis nõutu sumin, mis näitas, et tähelepanu oli hajumas. Lõpuks hüüdis üks rahva hulgast otse midagi vastuseks pigem ilkudes kui kaasa elades. Ma vaatasin ringi ja hindasin olukorda, mis paistis olevat pöördepunktis. Nõukogude seltsimehi oli ainult kaks. Mis siis, kui üritaksin rahva huvi vaikselt mujale suunata? Inimesed paistsid minu poolt olevat. Kui mõned juba vastu hüüavad, võiksin kaasa aidata, et asju õigele poole juhtida. Keskendusin veel kord agitaatoritele.

"Kui kaua peame töötama pisku eest, mis hädavaevu peret toidab?" kisas lühem venelane. "Kuhu jääb töörahvast lugupidamine?!"

"Meil vähemasti on tööd!" hüüdsin vastu veidi tulisemalt kui paslik. Taldade sahisedes keerasid mitmed pead minu poole, et uut vastalist uudistada. Kuid venelane ei näidanud välja, kas vahelehüüe talle ootamatult tuli.

"Tööd, mida jagab kätte kapitalist mere tagant! Mis elu see selline on?! Kogume rikkust mitte endale ega oma maale, vaid ameeriklastele!" Mitmed inimesed rahvahulgast pomisesid nõusolevalt ja mu viha lõi keema.

"Ameerika tegeleb Saksamaa ülesehitamisega, mitte ekspluateerimisega!" Niipea kui seda olin öelnud, teadsin, et olin kasutanud vale sõna. Niivõrd okupeeritud riigis nagu Saksamaa ei ole arukas öelda "ekspluateerimine", millel on pealegi marksistlik eritähendus. Kuigi mina olin täiesti kindel, et Ameerika Ühendriikide püüdlused Saksamaad uuesti üles ehitada kandsid head vilja, ei pruukinud kohalikud minuga selles asjas sama meelt olla või vähemalt mitte sama kindlad.

Ma kiristasin hambaid. Olin lasknud vihal endast võitu saada. Siis tajusin silmanurgast imelikku liikumist. Kaks meest rajasid läbi rahvahulga teed minu poole. Selgus, et kõnemehed polnud ainsad venelased Mannheimis — veel üks valearvestus. Väljaütlemiste tõttu sai minust märklaud. Oli aeg plehku panna.

Tagurdasin rahvahulga seest välja nii ruttu, kui jõudsin. Olin tulnud siia, et mitte millegagi silma torgata, aga polnud sellega hakkama saanud. Nüüd oli vaja kiiresti ühes tükis minema pääseda ja ette kanda, mida olin näinud. Kahe kõnemehe nägudest oli mul hea mälupilt, nii et võiksin neist uurimiskausta jaoks visandi teha, kui Berliinis tagasi olen.

Eemaldusin rahvahulgast ja tõttasin jaama poole. Võib-olla ei ajanudki nad mind taga, vaid kedagi teist, kes oli vahele hüüdnud? Vaatasin vargsi üle õla ja nägin kahte meest rahva seast väljumas umbes kakskümmend sammu minust tagapool. Kurat küll! Hakkasin jooksma ja lidusin peatänavat pidi nii, kuidas hing võttis. Piilusin jooksu pealt mõlemapoolsetesse kõrvaltänavatesse, et peidukohta leida ja jälitajad maha raputada. Pilk üle õla kinnitas, et nad jäävad minust maha. Tõsised treeningud 10. eriväeüksuses olid tulemusi andnud. Kolm tänavavahet hiljem märkasin ideaalset vahekäiku ja keerasin sinna, ikka täiest jõust lidudes. Veel paar haaki ja peatusin keset teed, kus polnud kedagi, ja jäin kummardudes hinge tõmbama. Kopsud põlesid valust ja tundsin, kuidas süda tahab ennast rinnust välja peksta, aga adrenaliin hoidis enamuse kehalisest ülekoormusest alateadvuses. Selles kohas, kus ma nüüd olin, polnud peatänavat enam peaaegu üldse kuulda. Üritades ennast koguda vaatasin enda ümber ja nägin igal seinal, aknal ja uksel plakateid, kus kujutati napilt rõivastatud näitsikuid. Polnud ka ime. Olin sattunud punaste laternate tänavale. Sellepärast see kõrvaltee nii vaikne oligi, vähemalt praegusel ajal päevast. Paarist aknast vaatasid mingitud näod minu poole, et kummalist lõõtsutavat meest näha. Lehvitasin väsinult vastuseks.

Äkitselt kuulsin selja tagant raskeid saapaid jooksusammul lähenemas ja pistsin silmapilk uuesti täiest jõust plagama. Kui olin umber majanurga pööramas, tuli teine venelane mulle sama nurga tagant vastu. See oli nii ootamatu, et põrkasime kokku ja kukkusime üksteisele otsa. Üritasin kiiresti jalgu uuesti alla saada, aga oli juba hilja. Tagaajaja jõudis minuni ja lõi mulle jalaga ribidesse, nii et kukkusin sillutisele pikali. Keha lõhkes valu käes ja mõistus andis otsad. Pidin miskitmoodi sellest olukorrast välja pääsema, ükskõik kuidas. Poolkummargil koperdades ja rabeledes püüdsin ennast kuidagi kaitsta, aga venelased olid mul turjal. Peale nende polnud tänaval kedagi muud. Üritasin tõrjuva jalalöögi anda, aga nemad peksid mind jalgade ja rusikatega üle kere. Iga katse vastu rabeleda tõi kaasa veel hoope.

 Venelased peksid mind takistamatult terve minuti ja veel teisegi. Sellel hetkel tundus see nagu igavikuline hoopidesadu, ent vähehaaval hakkas paistma, et hoobid ei teegi enam eriti haiget. Keha hakkas tundetuks muutuma ja kummalise rahuga mõtlesin, et nüüd ongi kõik. Nad ei lõpeta enne, kui olengi surnud. Nad olid aru saanud, et olen Ameerika sõjaväelane ja seepärast pidid nad mu tapma.

 Äkitselt läbistas õhku naise kile karjatus. Venelased peatusid nõutult ja samas avanes uks minu kõrval ja mind kisti majja. Selle jõuga, mis mul veel alles oli, sööstsin ukseaugust läbi. Minu taga löödi uks kinni ja pandi riivi ja vist lisaks lukku. Keegi naine oli otsustanud mind päästa. Olin põrandal pikali, sinikaid täis, verine ja õhupuuduses, aga kuulsin veel, kuidas venelased ust peksid ja majaelanikke kirusid. Õnneks suhtuti bordellipiirkonnas lukkudesse täie tõsidusega. Uks ei andnud sugugi järele. Mõne minuti pärast venelaste vandumine vaibus. Ilmselt venelased taipasid, et politsei on siiapoole teel. Toetasin pea külmale puupõrandale ja hingasin kergendunult pikalt välja. Mäletan, et tegin silmad lahti ja hämaralt valgustatud bordelli sisemust nähes jõudsin veel hetkeks naerda. Mis kummaline saatus mind siia tõi?

Põhja-Euroopa kaart. Reinu lugude toimumiskohad on tähistatud.

1. PEATÜKK

Eesti

Minu nimi on Rein Tofer. Minu vanemad on Heino ja Leida Tofer tõid mu ilmale 1934. aastal Eesti pealinnas Tallinnas. Minu isa Heino oli mõjuka ärimehe perekonnast. Vanaisal oli poliitilisi sidemeid Eesti valitsuse tippudeni välja. Ta saavutas sellise staatuse Peterburi kolides, kus vedas kaupu Eesti ja Venemaa vahet. See oli edukas äri ja ta sai lõpuks ainuõiguse Venemaale villast ja siidist kaupu sisse vedada. Siidikaupu hankis ta Prantsusmaalt ja villa alguses Eestist, aga äri laienedes Argentiinast. Ta tõi villa Argentiinast laevaga Eestisse ja viis sealt edasi Venemaale. Selle äri najal sai perekond muinasjutuliselt rikkaks ja mu vanaisa lõi Eesti poliitilise eliidi hulgas sidemeid ja oli Konstantin Pätsi isiklik sõber.

Sellega seoses oli Toferitel Eesti valitsuses 20-ndatel ja 30-ndatel mitmeid ameteid. Minu vanaisa vend Karl oli Eesti saadikuks Itaalias, Saksamaal ja Venemaal. Tädi Margarethe — või Grete, nagu mina teda kutsusin — oli abielus Mereväe ohvitser Bruno Linneberg. Isa käsutada oli edukas tekstiilivabrik A/S Reinhold Tofer Tallinnas, mille tuludest laiendasime Vasalemmas perekonnale kuuluvat talu.

Isegi minu sünni asjaolud olid poliitilised, nagu paljud meie perekonna tegemised. Vanaisa kiskus alati mu isa poliitilistesse intriigidesse, mis mu isale ei meeldinud. Vanaisa oli Konstantin Pätsi usaldusalune, aga isa ühines opositsioonierakonnaga. Nendevaheline vastasseis läks eriti ägedaks 1933. aasta lõpus, kui Eestis oli hulk poliitilisi rahutusi ja põhiseadusreferendum. Isa ühines meeleavaldustega Pätsi vastu ja saadeti seetõttu koos abikaasa Leidaga ühele saarele eksiili. 1934. aasta alguses avastas Leida, et on rasedaks jäänud ja esimene laps tulemas. Nad kirjutasid koju ja palusid eksiilist vabastamist, et nende esimene laps sünniks Tallinnas. Vanaisa läks isiklikult president Pätsi jutule, kes leebus, ja vanematel lubati Tallinna Heiglas, kus ma sündisin.

Ma pole kindel, kas isa ja vanaisa oma poliitilistest erimeelsustest kunagi üle said, küll aga mäletan mitut pidulikku õhtusööki presidendilossis, kuigi minu mäletamist mööda olid need pigem igavad, sest seal olid ainult täiskasvanud, kes ajasid omavahel arusaamatut juttu. Kuna minu vanemad seal said käia, siis ilmselt väga suuri lahkhelisid polnud.

Muud mälestused selleaegsest Eestist — 85 aastat tagasi — on mul ähmased ja seostuvad eelkõige peretaluga, mille nimi oli Uuemõisa. Onu Paul, onu Fritz ja isa pidasid seal sadu veiseid, kümneid hobuseid ja muid loomi osana meie talundusest. Minule meeldisid hobused üle kõige. Juba nelja-aastasena hakkasin mudases tallis käima, õppisin hobuseid talitama ja ratsutama.

Vanaema kavatses mind rahvusvahelise äri jaoks harida ja kui ma kolmeaastane olin, palkas ta mulle koduõpetaja, kes minuga ainult saksa keeles rääkis. Ma kutsusin teda Tataks. Minu esimene keel oli eesti keel, aga Tatal oli palju toredaid lugusid oma eelmisest teenistuskohast tsaarilossis Peterburis ja seepärast õppisin saksa keele meeleldi selgeks. Tata oli pärast revolutsiooni Venemaalt põgenenud ja Toferite perekonnas tööd leidnud.

Õnnelik elu peretalus sai äkitselt otsa, kui Saksamaa ja Nõukogude Liit vapustasid maailma 29. augustil 1939 Molotov-Ribbentropi paktiga. Olin sellel ajal viieaastane. Pealtnäha oli tegu kahe riigi vahelise mittekallaletungilepinguga, mis eeldas erapooletuks jäämist sõja puhul kolmanda riigi vastu ja sisaldas sätteid erimeelsuste lahendamiseks. Mina ei saanud selles vanuses veel aru, mida see leping Eesti jaoks tähendas, aga mäletan muret ja ärevust, mida vanemad sellest kuuldes väljendasid. Vähem kui kahe nädala pärast algas Poola sissetungiga Teine maailmasõda ja perekond kogunes tihti raadio ümber, et värskeid sõjauudiseid kuulata. Kogu Eesti hoidis hinge kinni, kui Saksamaa väed Poolat vallutasid. Oodati ja kardeti, kas sõjategevus meieni jõuab.

Ei teadnud minu vanemad, Eesti valitsus ega ka laiem avalikkus, et Molotov-Ribbentropi paktil oli salajane lisaprotokoll, mis piiritles Saksamaa ja Nõukogude Liidu vastastikused mõjusfäärid, kus nad võisid kolmandate riikide üle võimutseda. Saksamaa võis vallutada Lääne-Poola, Ida-Preisimaa ja Leedu, aga Nõukogude Liidule jäi Soome, Ida-Poola, Läti ja — mis meie jaoks kõige olulisem — Eesti. (Septembris räägiti lisaprotokoll veel kord läbi ja Leedu anti Nõukogude Liidule.) Need salajased lepingupunktid said maailmale teatavaks alles 15 aastat hiljem Nürnbergi kohtuprotsessil. Ent juba 17. septembril, kui Nõukogude Liit Poola idapiiri ründas, toetades Saksamaad, kes oli Poola läänepiirilt algust teinud, teadsime kindlalt, et Eesti on nüüd haakristi ja sirbi-vasara vahel lõksus.

Meie väikeriigi juhtide meelest tuli sõda Venemaaga iga hinna eest vältida. Seetõttu kuulutas Eesti ennast sõja puhkedes erapooletuks. Venemaa ei teinud erapooletusest välja, vaid tõi oma maa- ja mereväed Eestisse. Varsti nägime Nõukogude pommituslennukeid Tallinna kohal patrullimas ja ärkasin öösiti selle peale üles. 24. septembriks blokeerisid Punaarmee sõjalaevad Eesti sadamad. Valmisolekusse viidud armeega ähvardades nõudis Nõukogude Liit endale Eestisse sõjaväebaase, oma vägedele liikumisvabadust kogu riigi territooriumil ja Tallinna sadama kasutamisõigust. Aega võita püüdes andis Eesti valitsus järele ja sõlmis 28. septembril baaside lepingu. Siis kolisid võõrväed Eestisse.

Järgnev aasta oli pingeline, kuigi juunini kestis suhteliselt tavapärane eluolu. 14. juunil 1940, kui maailma tähelepanu oli pööratud Pariisile, mis oli sakslaste kätte langemas, alustas Nõukogude Liit rünnakut Eestile. Kuna lootust üle riigi paiknevaid sissetungijaid tagasi tõrjuda polnud, siis Eesti valitsus riigi kaitseks midagi ette ei võtnud. 16. juuniks oli Eesti vallutatud. Seega elasin viieaastaselt Nõukogude võimu all. Perekonna poliitilistest sidemetest hoolimata, kusjuures mu vanaonu oli Eesti saadikuna kohtunud nii Hitleri kui Staliniga, jäi meie perekond kiirete muudatuste keerises kaitsetuks.

Punaarmee juhtkond, kes Tallinnas valitsemise üle võttis, ütles alguses Heinole, mu isale, et ta vabrikut endistviisi käigus hoiaks. Nägin, et isa kahevahel oli. Levisid kuulujutud, kuidas venelased kõiki poliitiliste sidemetega eestlasi välja nuhivad ja vangi panevad. Meie perekond sellel ajal enam poliitikas otseselt ei osalenud, sest vanaisa oli mõni aasta tagasi surnud. Arvasime, et pääseme poliitilisest vangistusest, aga kindel ei saanud olla.

Alguses otsustas isa kohale jääda ja vabrikut käigus hoida. Umbes nädal aega sai ta asjalikult tööl käia, kuni ühel päeval ilmusid vabrikuväravasse venelastest valvurid. Minu isa polnud vabrikule julgestust tellinud. Kui ta valvurite käest küsis, kelle käsul nad olid kohale ilmunud, koheldi teda tõrjuvalt. Mõne päeva käis isa tööl nende valvurite juuresolekul, aga siis ilmus neile lisaks kaks vintpüssidega relvastatud punaväelast. Relvastatud mehed läksid isa kabinetti ja panid ta fakti ette, et vabrik riigistatakse ja selleks on vaja paberile allkiri saada. "Siin valitseb Nõukogude Liit," kinnitasid nad. "Sa oled nüüd nõukogude inimene ja see on nõukogude vabrik."

Seda päeva mäletan elavalt. Koju jõudes asus isa otsekohe riigist lahkumiseks ettevalmistusi tegema. Ta kasutas perekonna diplomaatilisi sidemeid ja muretses meile kõigile Saksamaa passid. Hiljem sain teada, et Saksamaa passid olid strateegiline valik kahes mõttes. Esiteks on passid reisidokumendid. Teiseks oli Molotov-Ribbentropi pakti lisaprotokolliga ette nähtud, et Nõukogude mõjusfääri jäänud sakslastele kompenseeritakse maa ja varade riigistamine. Kui venelased meie vabriku ja talu riigistavad, aga isal on ette näidata, et ta on sakslane, siis pidi ta kompensatsiooni saama.

Sedasi võisime Nõukogude võimu alla jäänud Eestist lahkuda ega pidanud uues kohas tühjade kätega alustama. Ootasime veel Stalini võimudelt kompensatsiooni laekumise ära ja siis asusime rongiga Saksamaa poole teele. Minu vanemate ja minuga tulid kaasa onu Paul ja onu Fritz ja Vanaema. Me polnud kaugeltki ainsad, kes riigist põgenesid. Rongis oli umbes 50 sakslast ja eestlast, kes kõik lootsid Tallinnast läbi Läti, Leedu ja Poola Nürnbergi jõuda. Kümnetunnine rongisõit oli pingeline. Rong oleks võinud kiiremini sõita, aga igas piiripeatuses kontrolliti dokumente, nii et iga paari tunni tagant tulid vormis mehed rongi ja käisid kahtlustava pilguga kõik vagunid läbi, esitasid igale perekonnale küsimusi ja vaatasid dokumente. Õnneks oli igal meie perekonna liikmel Saksa pass ja pääsesime Balti riikidest ilma vahejuhtumiteta edasi.

Arvasin, et Saksamaale jõudes jääme põgenikelaagrisse. Vanemad rääkisid Saksamaast väga kiitvalt, aga sõjasegaduse ja põgenemise tõttu kartsin, et peame tallis elama, nagu hobused meie talus. Kuid selle asemel lasti meid uhkesse mõisahoonesse. See oli rikka saksa perekonna eravaldus, mis asus Feuchtis, mis on väike linn Nürnbergi ligidal. Meie perekond sai endale ruumika toa, kus oli uhkem mööbel kui meil kodus.

Eestist lahkumine oli toimunud üle noatera. Vahetult pärast seda korraldas Nõukogude võim Eestis võltsvalimised, mille tulemusel moodustati valitsus valdavalt venemeelsetest isikutest. Seejärel alustati hoogtöö korras julmade repressioonidega. Arreteeriti rohkem kui 8000 Eesti riigiteenistujat ja avaliku elu tegelast, kes hiljem kas maha lasti või Siberi vangilaagritesse küüditati, kust vaid vähesed tagasi tulid. Okupantide kavatsus oli ilmselgelt Eesti poliitilise klassi täielik lõhkumine ja see eesmärk saavutati vähem kui aastaga.

Talve veetsime Saksamaal Feuchtis maamõisamajas. Tähistasime minu kuuendat sünnipäeva ja läksin esimest korda kooli, kuigi põgenikustaatuses oli tulevik ebakindel. Tänu Tatale oskasin juba saksa keelt, nii et kohanesin saksa kooliga kiiresti, kuigi muidu elu eriti ladus polnud. Kooliaasta lõppes 1941. aasta kevadel ja siis ei lastud meil enam kauemaks Feuchti jääda. Perekond kolis püsivamasse elukohta Berliinis, mis asus 400 kilomeetrit põhja pool. Berliinis kavatsesime elada nii kaua kui võimalik. Minu vanemad ja paljud muud eestlased lootsid, et surve naaberriikidelt või ka Eesti sisemine vastupanu kõigutab Nõukogude okupatsioonivõimu sedavõrd, et võiksime kodumaale tagasi pöörduda. Levisid kuuldused metsavendadest, tavaelanike hulgast tärganud relvastatud jõukudest, kes Eestis uue võimu vastu võitlesid. Onu Paul ja onu Fritz rääkisid köögilaua ääres lõputult oma kavatsustest Eestisse tagasi minna, et vastupanuliikumisega liituda. See aga jäigi ainult jutuks, sest ei paistnud mingit mõistlikku võimalust piiri taha pääseda. Eesti oli Punaarmeel tugevalt peos.

22. juunil 1944 otsustas Saksamaa Molotov-Ribbentropi paktist hoolimata lepingupartnerile kallale tungida ja ründas Poolast ida suunas. Selles olukorras kuulutas Stalin välja põletatud maa poliitika, millel olid Eestile karmid tagajärjed. Nõukogude väed hävitasid talusid ja lammutasid avalikke ehitisi, kui nad oma okupeeritud aladelt ida poole taganesid. Kuna Eesti oli Balti riikidest kõige põhjapoolsem, pidi Saksamaa sinna jõudmiseks enne Poolast, Leedust ja Lätist läbi minema. See võttis Saksamaal umbes nädal aega aega pärast Nõukogude-vastase rünnaku algust. Samal ajal viis Punaarmee taganedes läbi viimaseid terrorioperatsioone, põletas talusid ja külasid ja tappis tuhandeid Eesti, Läti ja Leedu tsiviilelanikke.

Minu vanemad ja paljud teised eestlased nägid sakslaste edukas pealetungis Eesti vabanemist. Nad rääkisid palju meie maa saatusest ja meie tagasipöördumise väljavaadetest. Kui nad Saksa vägede tugevust kiitsid, kõlas nende hääles lootus. Imetlust Natsi-Saksa sõjalise võimekuse vastu vaigistas sõttakutse, kui moodustati eesti meeste rindepataljon. Ka minu isa värvati sõjaväkke, kuid teda vaevas valgeveresus, mille tõttu teda rindele ei saadetud. Onu Fritz määrati reservi, aga onu Paulist sai perekonna kangelane. Ta kerkis eestlaste pataljoni ridades majori auastmeni ja juhtis rindel vägesid kodumaa tagasivallutamisel.

Üks aasta kannatusi Nõukogude okupatsiooni all 1940. aastast alates süvendas eestlaste ja venelaste vahelist usaldamatust. Saksa sõdurites nähti kangelasi, onu Paul kaasa arvatud, kes vabastasid meid võõrvõimust. Eestlased tahtsid tegelikult iseseisvust, aga Saksa okupatsioon tõi vähemalt suhtelise rahu paariks aastaks.

1941. aastaks oli Saksa-Nõukogude rindejoon liikunud kaugele Tallinnast itta Venemaa aladele. Isa-ema otsustasid koju tagasi pöörduda, et uuesti talu pidama hakata, ja onu Fritz pidi samuti meiega tulema. Paul oli juba Tallinnas haiglas, rindel Eestit vabastades saadud haavadest toibumas. Läksin vanematega kaasa, et onu Pauli näha ja tema rindelugusid kuulda. Me ei olnud üldse valmis selleks, kui teistsugune oli minu mälestuste Eesti võrreldes selle trööstitu kohaga, kuhu saabusime. Varemetes ja sõjast laastatud maad oli raske ära tunda. Peaaegu kõik tähtsamad avalikud ehitised olid purustatud. Paljud kodud ja ärid olid rüüstatud ja põletatud. Paljud peretuttavad ja sõbrad olid tapetud või Siberisse viidud. Riik ja valitsus, mida vanaisa oli aidanud üles ehitada, oli kõigest ühe aastaga hävitatud. Minu isa ettevõtet polnud enam olemas. Uuemõisa taluhooned olid imekombel veel enamjaolt terved, aga elu muud valdkonnad olid muutustest tugevalt mõjutatud. Kodumaa häving puudutas mind sügavalt. Tänase päevani meenutan seda reisi raske südamega. Isegi varasemat õnnelikku lapsepõlve on raske näha selle valu tõttu, mida siis kogesin.

Eesti suhteline rahu Saksa okupatsiooni all kestis peaaegu kolm aastat, kui sõda Nõukogude Liidu ja Kolmanda Reichi vahel Leningradi rindel paigal seisis. Sellel ajal üritasime maad taastada. Varemed koristasime ära ja ehitasime hooned uuesti üles. Tallinn sai eesti rahva jõupingutuste toel uuesti elu sisse. Ent lõpuks hakkas Saksa sõjavägi rindel alla jääma. 1944. aasta jaanuaris murdsid Nõukogude väed Leningradi ja Novgorodi all läbi ja veebruaris algas Narva lahing. Kuna Narva asukoht on strateegiliselt tähtis, üritasid sakslased seal viimseni vastu panna.

9. mail 1944 olin emaga Tallinnas onu Pauli vaatamas. Onu käis kolme aasta jooksul ajuti haiglaravil rindel saadud haavade tõttu. Sellel päeval oli ta haiglas läbivaatusel. Tõime talle pirukaid ja jutustasime talu-uudiseid, et ta ei tunneks ennast kõrvalejäetuna. Sellel hetkel, kui haiglas olime, anti õhuhäire liginevate Nõukogude lennukite tõttu. Teadsime, et lahingud jõudsid järjest lähemale, aga õhuhäiret polnud seni olnud. Kui pommid langema hakkasid, olime emaga juba 40 kilomeetrit Tallinnast eemal kodutalus. Pommitamine algas kell pool seitse õhtul, kuulsime seda öö läbi ja nägime öötaevas silmapiiril punast kuma. Onu Paul oli haiglasse jäänud. See oli esimene, aga kaugeltki mitte viimane magamata öö pommiplahvatuste saatel. Põleva pealinna punane kuma paistis nagu lõppematu päikeseloojang. Pommitamise eesmärk oli väidetavalt läbi lõigata sakslaste varustusliin sadamas, aga paljud pommid olid põletuspommid ja paistis ilmselge, et venelased tahtsid Tallinna maha põletada. Järgmisel hommikul mõtlesime jälle haiglat külastada, aga põlevate varemete tõttu polnud võimalik sinna pääseda ja onu Paul jäi meil nägemata.

Leegid lõõmasid mitmeid päevi, sest sabotöörid olid enne pommituslendu linna veevärki lõhkunud, et kustutustööd takistada. 20 protsenti Tallinnast põles maha ja 1000 tsiviilisikut sai surma. Onu Paul leiti varisenud haigla rusude alt koos haiglatöötajaga, kellega ta oli end operatsioonilaua alla peitnud. Tugev terasraam oli neid langeva lae ja seinte eest kaitsnud. Mõlemad olid elus ja terved.

Selle päevani olime lootnud, et Saksamaa suudab idarinnet hoida ja Eestil on võimalus jälle iseseisvuda. Kuid nüüd hakkas isa uuesti läände põgenemiseks ettevalmistusi tegema, kuna järjest selgemini paistis, et Saksamaa murdub. Lahingud kestsid kogu 1944. aasta suve. 5. septembril sõlmis Soome Nõukogude Liiduga vaherahu ja Punaarmee ressursid Soomes vabanesid. Selle ajani olid soomlased sakslaste vägesid nii merelt kui õhust toetanud ja teinud isegi vastureidi pärast

Tallinna pommitamist. Soome õhuväed lasid koostöös Saksa lennukitega kümme Nõukogude hävituslennukit alla. Soome vaherahu jättis Eesti põhja poolt mererünnaku vastu haavatavamaks ja õhurünnaku vastu täiesti kaitsetuks. 14. septembril 1944 jätkas Nõukogude Liit täiemahulise pealetungiga Eestis.

Jõudude tasakaal polnud enam meie kasuks, aga lootsime, et Saksa väed, kelle hulgas oli kümneid tuhandeid mobiliseeritud eestlasi, lööb sissetungi tagasi. Eestlased on uhke ja isamaaline rahvas ning sügav armastus kodumaa vastu innustab meid kodumaad kaitsma. Kuid miski ei aidanud. Juba 17. septembril tuli uudis, et Nõukogude Liit on Narva all Saksa kaitseliinidest läbi murdnud ja liigub üle Eesti, samas kui Saksa väed tagasi tõmbuvad. Punaarmee oli jälle Eestis.

Kahurikõmin valjenes iga päevaga. Selleks ajaks olin üheksa-aastane ja aitasin vanemaid ettevalmistuste tegemisel. Erinevalt 1941. aasta põgenemisest, kui oli aega reisiplaanide üle mõelda ja terve perekonna jaoks dokumente muretseda, toimus 1944. aastal kõik ülepeakaela. Venelased olid juba tõestanud, kes nad okupantidena on, ja Tallinna üleüldine pommitamine andis aimu, et järgmine okupatsioon tuleb vähemalt sama karm. Polnud vähematki kahtlust, et tuleb põgeneda. Läksin emaga rongi peale ja sõitsime Austriasse Linzi, kus üks isa sõber meid vastu võttis. Oleksin väga tahtnud, et isa meiega koos tuleb, aga tema ütles, et jääb paigale ja sõdib.

Kui mina olin emaga juba rongi peal lääne poole teel, siis isa oma kahe vennaga üritas veel otsusele jõuda, mida edasi teha. Perekonna kunagiste sidemete tõttu Eesti valitsusega oli kindel, et Punaarmee meie talu terveks ei jäta. Eelmine okupatsioon oli verine olnud ja nüüdsest tuleks samasugune. Kuid väga piinlik oleks teist korda sama vaenlase eest ära joosta, kui tuhanded kaasmaalased võideldes hukkuvad. Kolm venda jäid koos Uuemõisa ja arutlesid valikute üle, möödapääsmatut edasi lükates. Järgmisel päeval kuulsid nad, et Tallinn oli langemas ja varsti muutuks põgenemine ilmvõimatuks. Nüüd tuli tegutseda.

Lõpuks mu isa siiski põgenes. Ta teadis, et teel Saksamaale ootab ees mitu ohukollet, mistõttu ühines tuhandete eestlastega suures paadipõgenemises. Kasutusele võeti iga vähegi merekõlbulik paat, et üle mere Soome või Rootsi pääseda. Paljud hukkusid, sest Nõukogude sõjalaevad ja -lennukid ründasid põgenike laevu ja paate, aga paljud teised sattusid mereolude ohvriks. Isa jäi Tallinnast meritsi põgenemisega hiljaks ja pidi Pärnusse minema, kus ta sõber kapten Tuuling Rootsi poole seilama hakates ta laeva peale võttis.

Minu onud jäid aga Eestisse ja liitusid metsavendadega. Kummalgi polnud oma peret ja seega otsustasid nad Nõukogude võimule relv käes otse vastu astuda. Kõik kolm venda — Heino, Paul ja Fritz — uskusid, et liitlased tulevad veel kord Eestit vabastama, kui Saksamaa on alla andnud. 1944. aasta septembris uskusid vennad, et kevadeks on nad jälle kõik koos. Ent kui sõda järgmisel suvel lõppes, siis nad nägid, et see lootus oli asjatu olnud. Balti riikide vabastamise asemel jätsid Ameerika Ühendriigid ja Suurbritannia kogu Ida-Euroopa, kaasa arvatud Eesti, Nõukogude Liidu võimu alla vastavalt Potsdami konverentsi kokkuleppele. Eestit kasutati läbirääkimistel lehmakauplemiseks hoolimata eesti rahva tahtest ja hoolimata eelmisest kuritegelikust okupatsioonist. See oli ettearvamatu ja vapustav sündmuste käik.

Onusid ei näinud ma enam kunagi. Kui raudne eesriie aastakümneid hiljem langes, sain teada, et nad olid venelaste käe läbi surma saanud. Paul tapeti 1947. aastal metsavendade ja Nõukogude miilitsa vahelises lahingus. Pisut hiljem meelitati Fritz metsast välja lubadusega meie endine vabrik tema juhtimise alla anda. Kui ta välja ilmus, määrati talle hoopis surmanuhtlus.

Ka mu vanaema jäi Eestisse. Ta oli liiga vana ja kangekaelne, et teist korda põgeneda. Ta elas salajases kohas Vasalemmas meie talu ligidal. Kui Paul ja Fritz veel elus olid, tõid nad talle talviti riideid, küttepuid ja süüa. Pärast onude surma hoolitsesid naabrid tema eest kuni 1955. aastani, mil ta suri. Ta ei saanudki teada, kas ta poeg ja pojapoeg olid turvaliselt Läände jõudnud.

Rein üheaastaselt koos ema Leidaga.
Eesti, 1935

Reinu isa Heino Eesti sõdurivormis.
Eestis 1930-ndate esimesel poolel

Rein Tallinna Jachtclubi peol nelja-aastasena enne esimest okupatsiooni.
Eesti, 1938

Uuemõisa, Toferite peretalu Harjumaal.
Pildistatud Reinu külastuse ajal pärast Nõukogude Liidu lagunemist Eestis 1990-ndatel

2. PEATÜKK

Austria ja Rootsi

Olin emaga Austrias Linzis, kus olime ennast sisse seadnud ja ootasime isalt teadet. Olime tema pärast mures, kuid Linzis oli mõnus elu, eriti võrreldes sellega, mida olime Berliinis tunda saanud. Austrias läksin neljandasse klassi ja mind võeti Hitlerjugendisse.

Kümneaastasena olin piisavalt vana natsipartei noorteorganisatsiooni jaoks. Natsismiideoloogia austamisest olin kaugel, sest muidu väga kuulsusrikas ja võimas Saksa sõjavägi ei olnud kahjuks meie kodumaa kaitsmisega hakkama saanud. Just sellise sündmuste käigu tõttu olime Austriasse sattunud. Kuid organisatsioon õpetas poistele kasulikke välioskusi, korraldas mägimatkasid ja suusaretki ning mulle meeldis teiste poiste seltskonnas. Ema oletas, et minuvanuseid ei võeta natside militaarüksustesse nagu vanemaid poisse, ja õnneks oli tal selles õigus.

Osalesin mitmel retkel, kuigi liitlasvägede lennukid pommitasid meie piirkonda. Üks kord, mis mul selgelt meeles on, matkasime Hitlerjugendiga mäeveerul ja nägime, kuidas liitlaslennuk õhutõrjetule alla jäi. Nägime, kuidas kuulid lennukit tabasid. Siis hakkas lennuk langema, suitsujutt järel, kukkus lõpuks põllule ja plahvatas. Järgmisel korral matkasime metsast läbi sinna, kuhu lennuk oli kukkunud, ja uurisime rususid. Pikk retk ja tunnid, mis lennuki jäänustel turnides veetsime, panid meid tundma, nagu annaksime sõjas oma panuse.

Samal ajal tungis Nõukogude Liit kogu Ida-Euroopas edasi. Kuigi olime ligi tuhat kilomeetrit rindejoonest eemal, oli pidev oht, et liitlasvägede lennukid meid pommitama satuvad. Iga paari päeva tagant kostis kesklinnast õhurünnakusireenide undamist. See oli meile märguandeks, et peame pakkima vähemalt järgmise söögikorra varud valmis ja minema meile määratud pommivarjendisse viie kilomeetri kaugusel asuvasse looduslikku koopasse. Linz oli korralike pommivarjendite jaoks liiga väike linn, nii et läksime lihtsalt linnast välja. Sireenid hakkasid kõlama, kui liitlasvägede lennukid meist põhja pool Saksamaa piiri ületasid, nii et häire algusest alates oli meil umbes tund aega, enne kui lennukid meieni võisid jõuda. Kõndisime need viis kilomeetrit alati kiire sammuga.

Koobas algas ühe inimese laiuse sissepääsukoridoriga, mille järel oli laiem ruum pikkade puupinkidega, kus saime istuda. Ühtekokku mahtus sinna pimedasse viiskümmend inimest, kes omavahel uudiseid vahetasid ja üritasid sissepääsust nõrgalt kumava valgusega läbi ajada. Enamasti ei kuulnud me väljast midagi, enne kui sireenid teatasid, et oht on möödas. Ükskord aga mägi vappus, kui lennukist meie kohale mürsk langes. Miks tahetakse meid siin kaugel riigis tappa? Kas sellest polnud küllalt, et pidime oma kodumaalt põgenema? Linna tagasiminek tundus alati märksa pikem, raske koduigatsuse koorma all, mõeldes, et kas mõni selline vappuv plahvatus oli ka mu isa tapnud.

Kolm pikka kuud vaheldumisi ootasime, põgenesime, tulime tagasi ja hakkasime jälle ootama. Mõnikord avastasime linna tagasi tulles teede ääres pomme, mis olid sihtmärgilt eksinud. Kord leidis naaber pommi enda põllult. Austria võimud saatsid mõned labidate ja maskidega mehed seda välja kaevama ja ära tassima. Kogu see aeg polnud meil teada, kas isa oli pääsenud. Hakkasime emaga mõtlema, et ta ehk ei tulegi Austriasse meie juurde. Võib-olla oli ta otsustanud Eestis edasi võidelda. Võib-olla oli ta vastaspoolele vangi langenud. Lootuse ja allaandmise vahel on raske tasakaalu leida, aga mina ja ema saime üksteisele toetuda. Lõpuks peaaegu pool aastat pärast Eestist lahkumist saime isalt sõnumi. Ta oli turvaliselt Rootsis Stockholmis. Sellest teada saades valmistusime Austriast lahkuma, et pere jälle kokku saaks. Läksime Austriast Rootsi 1945. aasta kevadel. Sellest kujunes raske rännak. Esiteks tuli jõuda Berliini, kust pidime järgmise rongiga edasi Saksamaa rannikuni sõitma. Siis oleks saanud laevaga üle mere Rootsi minna. Samal ajal oli Nõukogude Liit juba Poola vallutanud ja Punaaremee oli umbes saja kilomeetri kaugusel Berliinist. Saksa väed taganesid ja rindejoon liikus iga päevaga pealinnale ligemale. Et mitte kuulide ette jääda, oleksime võinud oodata, kuni Saksamaa kaotab ja siis Nõukogude okupatsiooni alt mujale minna. Seda viimast võimalust me pikalt ei kaalunud, vaid asusime kohe teele.

Märtsi alguses läksime Viinist rongiga Berliini. Kui rong sõitis rohetavate aasade vahel, lendasid meie pea kohal liitlasvägede lennukid suunaga Saksamaa poole. Öise sõidu ajal olid ragisevad plahvatused rongi kuulda ja hoidsid mind ärkvel. Kuuetunnise ringisõidu järel olime elusalt Berliinis.

Mäletan rasket surmavaikust, mis Saksamaa pealinna kohal lasus. Sõjakoledused olid Berliini jõudnud. Uhkes linnas olid paljud majad varemetes. Ma võrdlesin olukorda Tallinnaga, mis oli samamoodi pommitamistega purustatud, aga leidsin ühe olulise erinevuse: Eesti polnud seda sõda soovinud. Seevastu Saksamaale maksti tema enda ärplemise eest kätte. Kui perroonil järgmist rongi ootasime, et Grossenbodesse sõita, tundus Berliin alistunult ohkavat.

Astusime Grossenbode rongile ja jõudsime vahejuhtumiteta kohale. Sealt edasi viis praam meid Gedserisse, mis on Taanis. Gedseris sattusime vastamisi esimese suurema takistusega, kui Saksa-vastased parisanid meid koos teiste reisijatega kinni pidasid. Sadamasillad olid partisanide valduses ja nad ei lasknud läbi kedagi, kellel polnud dokumente, partisanide jaoks vastuvõetavat reisisihtkohta või isiklikke sidemeid. Olime sedasi mitu tundi tupikus. Lõpuks jäi üks taksojuht, kes oli ühe teise reisija sadamasse toonud, mu ema lõksu. Ema meelitas tihti oma hea välimusega mehi ennast abistama ja seegi kord läks õnneks. Säravast naeratusest ja tänuavaldustest piisas, et taksojuht meid peale võttis ja vargsi sadamast minema sõidutas. Ta viis meid koguni otseteed Kopenhaagenisse, mis oli kahetunnise sõidu kaugusel. Mina kummardusin kägarasse, et tigedad partisanid mind ei märkaks. See oli mul esimene kord salaja rindejoon ületada ja teisele poole imbuda.

Kopenhaagenist Rootsi on vähem kui viiskümmend kilomeetrit, aga Öresundi väina ületamine oli sellel ajal keeruline. Taani oli Saksa okupatsiooni all, samas kui Rootsi oli sõjas erapooletu. Seetõttu oli piirikontroll väga tugev. Samuti oli meil väga vähe raha järel. Ema, ettevõtlik nagu alati, leidis poe, kus oldi nõus temalt ehteid ostma, mis tal kaasas olid. Ema müüs kõik oma ehted ära. Sedasi saime kokku piisavalt raha, et üle väina pääseda.

Kopenhaagenist ei lastud kaugeltki kõiki inimesi edasi, aga minu ema ja mind, üksikut naist väikese poisiga, lasti. Siiski läks meil mitu päeva aega, et leida praam, mis oleks nõus Saksa dokumentidega inimesed üle viima. Saime teada, et tuleb minna Helsingøri, kust saime lõpuks praamiga Helsingborgi, mis asub Rootsis. Helsingøri ja Helsingborgi vahel on väin eriti kitsas, alla viie kilomeetri, aga see oli nagu taevaväravatest läbiminek. Saksamaa valdustes — Austrias, Berliinis ja Taanis — olid elektrikatkestused tavaline nähtus, sest liitlasväed pommitasid korduvalt elektrijaamu. Seevastu Helsingborg tervitas meid öise särava linnavalgustusega — külalislahke pelgupaik, millesarnast polnud ammu kogenud.

Sõda oli meil kogu aeg kannul. Juba järgmisel päeval, 21. märtsil pommitasid Briti õhujõudude lennukid Kopenhaagenit. See oli ainus kord, kui Teise maailmasõja ajal Kopenhaagenile õhurünnak toimus. Peamine sihtmärk oli Gestapo peakorter Kopenhaagenis, mis hävines, aga samas hukkus ka 145 tsiviilelanikku. See tuletas mulle meelde venelaste pommitamist Tallinnas ja ma ei tahtnud mõeldagi, kui napilt me juba teist korda eluga pääsesime.

Emaga koos olime põgenenud Eestit hõivava Punaarmee eest Austriasse ja hiljem olime rännanud Austriast põhja suunas rindejoonega kõrvuti, kuni jõudsime terve nahaga Rootsi. Olime edukalt üle elanud palju ohtusid, aga polnud valmis isiklikuks vastuoluks, mis meid nüüd kohtas: isal oli uus elukaaslane. Jõudsime 22. märtsil Stockholmi ja pidime ehmatusega nägema, et isa elas koos uue naisega, kes oli samuti sõjapõgenik Eestist ja rase. Kokkusaamise asemel lagunes meie perekond laiali.

Ema lahutas abielu Heinost ja võttis mind endaga. Asusime elama Rootsi valitsuse poolt ülesseatud põgenike varjupaika. Tegu oli ühe rikka perekonna eramajaga, nagu olime Saksamaal näinud. Maja paiknes linnast väljas, ühel pool rannik ja teisel pool rohelised madalad künkad. See koht oli nii eraldatud, et naabermaju polnud näha. Kõige ligema asulani oli mitu kilomeetrit, aga enamasti veetsime rahulikult aega peahoone taga ujumisbasseinis. See elukoht oli meie olukorda arvestades väga luksuslik, aga see polnud mulle peamine. Mina olin innukalt lootnud isaga jälle kokku saada — olin sada korda kujutlenud, mismoodi see teoks saab. Nüüd aga oli isa läinud. Ei olnud ta surnud, nagu kartsime, aga läinud ikkagi. Ilma isata tundsin ennast mahajäetu ja kodutuna.

Ema süda oli murtud, aga temas oli jõudu eluga edasi minna ja minu eest hoolitseda. Ta läks postkontorisse tööle, kust sai piisavalt palka, et meid toita ja katta. Meie eluruumid olid hästi varustatud, aga sularaha oli meil vähe. Sellest ajast mäletan suppi, mis koosnes lihtsalt keedetud kontidest, mida ema restorani köögist või lihuniku juurest sai. Kohv ja liha olid liiga kallid ja me ei saanud neid endale lubada. Sõitude eest maksmine oleks olnud üüratu priiskamine, nii et käisime igal pool jalgsi. Kümneaastaselt oskasin eesti ja saksa keelt, aga mitte rootsi keelt, ja pidin harjuma sedasi paguluses elama.

Rootsis võeti Eestist tulnud pagulasi arvele välismaalase passiga. Passi märgiti "kodakondsuseta" just nagu rõhutamaks meile, et olime kodumaa kaotanud. Veel solvavam oli, et meile pakuti Venemaa kodakondsust, millest loomulikult keeldusime. Meie dokumendid peegeldasid uut tegelikkust: Eestit, kus olin kasvanud ja pool elu elanud, polnud tänapäeva diplomaatilises reaalsuses enam olemas.

Väljaspool turvalist Rootsit jätkusid Teise maailmasõja lahingud, mis andsid ennast ka Rootsi sees tunda. Meie elukoht oli Stockholmi läänepoolses eeslinnas, kuhu Rootsi valitsus oli paigutanud rühma Ameerika Ühendriikide õhuväelasi. Need olid lendurid, kelle lennukid oli Saksamaa kohal alla lastud, aga kellel oli õnnestunud Rootsi põgeneda. Nad olid erapooletus riigis. Ükski oht neid ei ähvardanud. Koju minna neil võimalust polnud ja ülemuste käsud nendeni ei jõudnud. Seega veetsid nad aega eelkõige meelelahutustega. Nad jalutasid linnas, võtsid pargis päikest ja istusid kõrtsides, kui olid Ühendriikide saatkonnast oma palga kätte saanud. Nende sõjateenistus oli põhimõtteliselt sooritatud ja nende üleoleva käitumise tõttu kippusid rootslased naljatamisi arvama, et need lendurid olid ise üksteist alla tulistanud, et Rootsis puhkust nautida.

Teine maailmasõda lõppes Ameerika Ühendriikide jaoks novembris 1945. Lendurid läksid laeva peale, mis neid koju Ameerikasse viis. Meil polnud aga kuskile koju minna. Sõda lõppes sellega, et Eesti ja ülejäänud Ida-Euroopa jäi Nõukogude Liidu raudsesse haardesse. Eesti riik lakkas praktiliselt olemast ja Nõukogude okupatsioon sai rahvusvahelise õiguse osaks. Ühtegi saadikut või nimelist riigipead polnud alles jäänud, kes nõupidamistelaua taga Eesti eest seisaks, kuigi mõned Ameerika ametiisikud, kes Saksamaal denatsifitseerimist juhatasid, ütlesid, et Euroopas tuleks ka kommunismi tõrjumisega tõsisemalt tegeleda. Üks selliseid oli kindral George Patton. Eesti ja ülejäänud Ida-Euroopa kahjuks sai Patton liiklusõnnetuses surma. Eeldatavasti oli see juhuslik liiklusõnnetus. Balti riigid jäid Nõukogude Liidu võimu alla.

Seetõttu ei saanud mina ega mu vanemad turvaliselt kodumaale tagasi pöörduda, kuigi varsti levis Rootsis Nõukogude propaganda, mis vastupidist väitis. Toferi perekonna endised poliitilised sidemed tähendasid seda, et Nõukogude okupatsiooni all oleks meil elu Eestis võimatu. Üheteistkümneaastaselt alustasin rootsi keele õpinguid ja Rootsi eluga kohanemist. Õnneks ei pidanud ma ennast üksinda tundma. Rootsis oli 1945. aastal üle 200 000 pagulase, paljud neist Eestist ja teistest Baltimaadest. Rootsi valitsuse ettevõtmised sõjapõgenike sobitamisel kohaliku eluga kandsid üldiselt head vilja. Eestlaste kogukond rajas kirikuid, koole ja ehitas uut elu. Mina käisin ühes sellises eesti koolis 5. ja 6. klassis. Siis osalesin ülikooli ettevalmistuskursustel, mida nimetati gümnaasiumiks, ja õppisin lisaks rootsi keelele ka inglise ja prantsuse keelt. Gümnaasiumi lõpetasin seitsmeteistkümneaastaselt ja läksin tööle ettevõttesse, mis tegeles kaupade sisseveoga Euroopast. See polnud päris selline rahvusvahelise ärimehe karjäär, mida mu vanemad olid ette kujutanud, kui nad Tata mulle saksa keele õpetajaks palkasid, aga natuke sarnane siiski. Samal ajal jätkasin õpinguid Stockholmi kõrgkooli õhtustel kursustel. Sellel ajal ma seda veel ei teadnud, aga viie keele oskus — prantsuse, saksa, eesti, inglise ja rootsi — tuli mulle hiljem rahvusvahelise sidemehena kasuks.

Pärastpoole leppisid mu vanemad ära ja perekond sai pärast sõda ikkagi lõpuks kokku. Tutvusin oma poolõega, kes oli kümme aastat minust noorem, ja mind pandi mõnikord teda hoidma. Järgmise kümnendi elasime üsna rahulikku elu.

Rein (ees vasakul) ja ema Leida (keskel) Austria pererahvaga maja juures.

Rein (vasakult teine) jälgib veinivalamist lõunalauas.
Austria, 1944

Klassipilt Reinu teisest koolist Rootsis Stockholmis. Rein on tagareas paremalt viies.
Rootsi, 1945

Rein (paremalt kolmas) teiste poistega tantsuhoos.
Skauseuis Stockholmis, 1948

3. PEATÜKK

Lodge-Philbini seadus

1952. aastal kehtestati seadus, mis muutis kogu mu ülejäänud elu. Ameerika Ühendriikide senaator Henry Cabot Lodge, Jr tegi seadusettepaneku, millega kutsuti 2500 Ida-Euroopa noormeest Ameerika Ühendriikide sõjaväkke. Seaduse nimeks sai *Lodge-Philbin Act* ja sellega lubati välismaal elavatele idast põgenenud mittekodanikele Ameerika Ühendriikide kodakondsust, kui nad teenivad vähemalt viis aastat sõjaväes auväärselt lõpuni. Sihtgrupiks olid Ida-Euroopa maade sõjapõgenikud, kellel vajalik kultuuritausta tundmine ja vastumeel Nõukogude Liidu suhtes ning kes aitaks Euroopas kommunismivastasust levitada. Ühesõnaga mina olingi sihtgrupp.

1952. aastaks oli külm sõda hoogsalt käimas. Nõukogude Liidu kohalolek Ida-Euroopas oli muutunud täiemahuliseks okupatsiooniks. Kuna minul oli venelastega juba kogemusi, siis tekitas minus raevu ja masendust selline väljavaade, et Eesti püsivalt Venemaa alla jääb. Pagulasena võõras riigis, kus üritasime teiste eestlastega uut elu üles ehitada, oli raske midagi kodumaa heaks ette võtta. Et okupeeritud riike Lääne mõju eest varjata, seadis Nõukogude Liit üles poliitilised piirangud, mille üldnimeks sai raudne eesriie. Kodumaale jäänutega polnud võimalik sidet pidada. Olime kodumaast ja sinna jäänutest täiesti ära lõigatud. Igaüks polnud jõudnud põgeneda ja mõned olid vabatahtlikult kohale jäänud. Isiklikult olin kommunismi haardest pääsenud, aga selle tulemusel oli meie perekond lagunenud. Venemaa oli minult palju asju röövinud, mida enam kunagi tagasi ei saa: õnnelik lapsepõlv, perekonna talu, onud ja vanaema. Nõukogude Liit oli metsik ja jõhker riik, kes ei hoolinud ei oma inimestest ega allutatud maade inimestest. Nad olid pommitanud meie linnu ja külasid, näidates täie selgusega, et kui nemad meie maad endale ei saa, siis ei jäta nad ka teistele midagi. Ajapikku oli mu kaotusevalust saanud põlgus, mis lõpuks kalgistus vihaks. Seetõttu olin valmis teenistusse astuma, kui 1953. aastal uudis Lodge-Philbini seadusest Rootsi eestlaste hulgas levis. Mulle oli teada, et Ameerika Ühendriigid tegelesid Euroopas rahu hoidmisega ja kommunismivastasus oli Ühendriikide välispoliitika nurgakivi. Ühendriikide sõjaväega liitumine oleks võimalus esimest korda asuda võitlema kurjuse impeeriumi vastu, kes oli mind kodumaalt lahkuma sundinud.

Mitmed lähedased eestlastest sõbrad jagasid samu vaateid. Rootsis Ameerika Ühendriikide baase polnud, mistõttu kavatsesime praamiga Saksamaale minna, et avaldused sisse anda. Esimene samm oli kõige raskem: pidin sellest emale rääkima. Mina olin talle kõige kallim kogu maailmas. Eriti pärast kõiki meie ühiseid üleelamisi oli tal minu suhtes tugev kaitseinstinkt.

Ühel õhtusöögil tegin teemaga algust. "Ema," ütlesin ettevaatlikult. "Kas Ameerika uudiseid oled kuulnud?"

"Milliseid uudiseid siis seekord?" Ta oli õhtusöögiks teinud sealiha ja hapukapsast ning võttis järgmise ampsu. Ameerikast tuli pidevalt igasuguseid uudiseid.

"Kutsutakse sõjaväkke. Mitteameeriklasi Ameerika sõjaväkke. Pakutakse head palka ja viie aasta pärast kodakondsust. Selleks peab ainult Saksamaale minema ja..." Siis pidin vaikima.

Ema pilk muutus jäigaks kohe, kui sõjaväge mainisin. Kahtlemata mõistis ta mu soovi venelaste vastu võidelda, aga ta ei uskunud, et see heaga lõppeks. Kuid samas väljavaade Ameerikasse kolida... Ameerika oli uue maailmakorra juhtriik ning venelastest väga kaugel eemal. See oleks erakordne võimalus. Ja see saigi otsustavaks. "Nojah," ütles ta mõne hetke pärast. "Küllap sa pead siis minema."

Ma olin jahmunud. Olin terve päeva seda kõnelust ette valmistanud. Olin läbi mõelnud palju vastuväiteid, millega ema mind võiks takistada, ja argumente, millega peaksin teda veenma oma valiku õigsuses. Kuid lõppkokkuvõttes polnudki palju vaja. Olin jahmunud, aga kergendatult. Kõige raskem osa oli möödas ja see polnud pooltki nii raske, kui olin ette kujutanud. Niipea kui võimalik tulin töölt ära hakkasin reisiks ettevalmistusi tegema.

Lodge-Philbini seadusest oli vähe üksikasju teada, aga olin kindel, et minusugune innukas sooviavaldaja, kelle taust vastab täpselt sellele, mida taheti, võetakse kohe vastu, kui Ameerika Ühendriikide sõjaväebaasi ilmun. Kahe lähedase sõbraga hääletasime ennast maanteed pidi Malmösse ja sealt edasi läksime praamiga Saksamaale.

Minu ettekujutuses tähendas Lodge-Philbini seadus seda, et Ameerika Ühendriikide sõjavägi võtab meid meelsasti vastu. Tegelikult oli Lodge-Philbini seadus ühe senaatori poliitiline algatus. Siis me seda ei teadnud, aga sõjaväejuhtkond nägi seaduses pigem organisatsioonilist peavalu, mitte võimalust saada vajalikku kaadrit juurde.

Saabusin sõpradega Saksamaale Seckenheimi sõjaväebaasi ja leidsime sealt eest kümneid teisi sooviavaldajaid. Täitsin mõned dokumendid oma isikuandmetega ja jäin ootama. Seersantidel, kes uute tulijatega tegelesid, kulus tunde, et avaldusi läbi vaadata. Lõpuks, kui dokumendid olid läbi vaadatud ja heaks kiidetud, teatati meile, et järgmisel nädala toimuvad vastuvõtukatsed.

See oli minu jaoks üllatus. Olin arvanud, et Ameerika Ühendriikide sõjavägi on rõõmus iga abipakkuja üle, aga nüüd selgus — nii aeglasest asjaajamisest kui ka vastuvõtukatsetest —, et nii lihtsalt see asi ei lähe. Lodge-Philbini seaduse alusel andis endast märku mitu tuhat huvilist, aga Ameerika Ühendriikide sõjaväel olid piiratud ressursid eurooplaste väljaõpetamiseks, keda peeti teistsuguseks kui ameeriklasi.

Ametlikult inglise keele oskust ei nõutud, aga sõjavägi valmistas ette katsed, millega vastuvõetavate arvu tugevasti kahandada.

Me polnud arvestanud, et peame Seckenheimis veel terve nädala veetma ja kellelgi meist polnud raha ega ööbimiskohta. Otsisime juhutöösid, et päevhaaval ära elada. Kui lõpuks vastuvõtukatseteni jõudsime, siis ilmnes, et Rootsi haridusest oli mul kasu. Matemaatika ja inglise keel olid mulle lihtsad, samas kui teised minu ümber ülesandeid põrnitsesid ja pomisesid.

Mõned ülesanded tundusid rohkem nagu intelligentsustest kui teadmiste kontroll. Ja ma polnud üldse valmis valedetektorisessiooniks, mille käigus küsiti minu ja minu perekonna sidemete kohta kommunistidega. Kaks seersanti viisid mind lihtsakoelisse tuppa istuma. Laual oli valedetektor. Kui mulle oli juhtmed külge kinnitatud, hakkas üks seersant järjest küsimusi esitama. Kus ma sündisin? Kas Eestis olles sai perekond Venemaa valitsuselt toetust? Kas mul oli isiklikke sõpru Punaarmees? Kuigi valedetektor oli minu jaoks ootamatu, olid mul küsimustele selged vastused. Vastasin rahulikult ja kindlalt. Nõukogude Liidu ja kommunistliku riigikorra vastu tundsin ainult viha.

Katsed kestsid kolm päeva ja said siis läbi. Lootsin, et saan vastuse kohe teada, kuid selle asemel öeldi, et otsust kaalutakse kuus kuud, kuni kõigi tulemused ja taust on läbi vaadatud. See oli jälle ebameeldiv viivitus, aga pidin leppima. Võtsin vastu pileti, mida mulle tagasisõiduks pakuti. "Saadame vastuse sinu kodusele aadressile," lubati.

Teistel oli sama kogemus. Paljud sooviavaldajad ootasid kuid või isegi aastaid, enne kui teada said, kuidas nende Lodge-Philbini katsed olid läinud. Viivituse põhjuseks oli Ameerika Ühendriikide vastuluurekorpus, kes uuris kõigi tausta, ja soovijaid oli mitu tuhat. Vastuvõtt Lodge-Philbini seaduse raames toimus punase hädaohu kõrgajal 1950.-ndate aastate alguses, kui igasugune perekondlik või ametialane seos kommunistliku parteiga võis saada kõrvalejätmise põhjuseks.

Need, keda vastu ei võetud, ei saanud enamasti mingit sõnumit ja nad võisid mõelda, kas asjaajamises oli mingi segadus tekkinud või oli kutse mingi muu õnnetu juhuse tõttu saabumata jäänud.

Sellel ajal ei teadnud ma sellest kõigest midagi, vaid läksin pärast pooleaastast ootamist sinnasamasse Seckenheimi sõjaväebaasi järele pärima, kuidas asi edeneb. Selleks puhuks olin taas töösuhte lõpetanud, sest eeldasin, et saan sõjaväest iga hetk kutse, nii et kohalesõit tundus ainus mõistlik tegu. Vanemad toetasid minu otsust, aga ka selleks teiseks reisiks polnud mul raha ülearu palju. Käisin läbiproovitud rada. Hääletasin ennast maanteed pidi Malmösse ja sealt edasi läksin praamiga Saksamaale. Sealt tuli mul kas edasi hääletada või tööd leida, et rongisõidu eest maksta.

Minu teistkordne käik Seckenheimi sõjaväebaasi, sedakorda üksinda, leidis aset 1954. aasta juunis. Raha säästmiseks hääletasin ennast kohale ja küsisin, kuidas avaldusega lood on. Vastuvõtuohvitserid ütlesid, et otsus pole veel saabunud ja seda tagant kiirustada pole võimalik. See oli masendav. Mina olin oma töökohast loobunud, et Ameerika Ühendriikide sõjaväega liituda, aga nemad venitavad asjaga rohkem kui pool aastat. Tagasisõiduks mul enam raha polnud, ja isegi kui oleks olnud, ei tahtnud ma enam Rootsi minna, sest ma polnud enam kindel, kas minuga enam ühendust võetakse. Kuna mulle tundus, et kohalejäämine oli peamine — kui mitte ainus — võimalus Venemaa vastu tegutsema asuda, siis mõtlesin, kuidas nüüd Saksamaal toime tulla.

Jalutasin paar päeva tühja kõhuga ja sattusin siis kokku eestlastest töömeeste seltsiga. Need olid endised reamehed *Waffen-SS*-i eesti pataljonist, mis oli moodustatud Eestis Punaarmee pealetungi tõkestamiseks. Kõik nad olid sõdinud Eestis 1941. aastal, aga keegi neist ei tundnud minu onu Pauli. Pärast sõda polnud neil mõistlik Nõukogude okupatsiooni alla jääda ja nad olid läinud Saksamaale Ameerika okupatsioonitsooni. Sellesse seltsi kuulus ligi 200 liiget. Neil oli oma köök, söögisaal ja kokk. Nende abil leidsin kuiva magamiskoha ja köögiabilisena töötades sain süüa. Töö oli väga tüütu. Mulle ei meeldinud hommikune tundidepikkune kartulikoorimine, millele järgnes õhtune tundidepikkune käsitsi nõudepesu. Ometi oli põhjust olla tänulik, et mul oli ööbimiskoht ja söögipoolis seniks, kuni avaldusele vastuse saan. Elasin koos eestlastega, kes olid Punaarmee vastu sõdinud, ja mul oli lootust Ameerika sõdurina sama võitlusega liituda.

Ausalt öelda ei olnudki see aeg täiesti tüütu. Kui ma nõud kiiremini puhtaks pesin, oli mul õhtul rohkem vaba aega. Leidsin endale kiiresti sõpru ja uute tuttavatega külastasime ümbruskonna kõrtse. Ühel sellisel joomaõhtul nägin baarileti ääres väga suurt naisteparve ühte noormeest piiramas. Müksasin ühte oma kaaslast, et tema tähelepanu endale saada, näitasin kadedalt noormehe poole ja küsisin: "Kes see tüüp on?"

"See on Elvis," vastas ta mulle ja oli üllatunud: "Sa oled ikka Elvisest kuulnud, eks?" Ta näost oli näha, et tema arvates pidid kõik Elvist tundma. Mina polnud aga Elvis Presleyst enne midagi kuulnud, kuid sellel õhtul nägin teda Saksamaal. Alles hiljem sain aru, milline õnnelik juhus mul oli olnud väga tähtsat kuulsust kohata.

4. PEATÜKK

Ameerika Ühendriigid

1954. aasta novembris, peaaegu aasta aega pärast vastuvõtukatseid ja pärast viiekuulist kartulikoorimistööd eesti töömeeste seltsis, sain lõpuks Ameerika Ühendriikide sõjaväelt teate, et võin teenistusse tulla. Selle üle olin ülirõõmus. Kirjutasin emale ja jagasin head uudist temaga. Kätte oli jõudmas uus põnev tulevik, mida olin ligi aasta oodanud.

Olin üks 1302 inimesest, kes Lodge-Philbini seaduse raames vastu võeti, seda osalt visaduse tõttu, mida olin näidanud ise kohale ilmudes ja ootama jäädes, kuni mu avaldusele otsus saabub. Mitmed tuhanded olid huvi üles näidanud, avalduse sisse andnud ja katseid teinud, aga minu ainulaadne kirg, haridus ja eesti taust pakkusid sõjaväele seda, mida vaja. Sellel ajal ma seda ei teadnud, aga olin viimaste hulgas, kes veel vastu võeti. Lodge-Philbini seaduse ettenähtud ajavahemik oli 25. juunist 1950 kuni 29. juulini 1954. Mina andsin avalduse sisse 1954. aasta alguses ja mind võeti teenistusse vastu 17. detsembril 1954 koos kahe teise eestlase ja veel kaheksa noormehega, kelle hulgas oli leedulasi, poolakaid ja tšehhe.

Olin üks uutest tulijatest, kes Ameerika sõduritega 1954. aasta lõpus Zweibrückenis aastavahetust veetis. See oli minu esimene kogemus vaba aja veetmisest Ameerika Ühendriikide sõjaväes ja õhkkond oli elav. Neljaliikmeline ansambel mängis muusikat ja mina liitusin sõdurite seltskonnaga, kes isekeskis oma sünnikodudest üksteisele lugusid pajatasid. Igaüks oli sõbralik, õlu voolas ja kui aastanumber vahetus 1954-st 1955-ks, siis tundus, et tegu on tõepoolest uue algusega.

Pärast kuudepikkust peost suhu elamist eesti töömeeste seltsis tundus sõjavägi ülikülluslik. Ma sain uhiuue vormiriietuse ja kasarmus narikoha. Mõni päev pärast aastavahetust asusime Ameerika poole teele. Koos teiste uute tulijatega läksime Bremerhavenis Ühendriikide sõjaväelaevale, millel kulus Atlandi ookeani ületamiseks kuus päeva. Selle laevasõidu ajal avastasin, et merehaigus mind õnneks ei ohusta. Paljud kaasreisijad olid kogu sõidu aja haiged ja mitmed veel mitu päeva pärastpoole. Ent olenemata seisundist oli kõigil eesmärgiks Fort Dixi väljaõppekeskusse jõuda, et alustada treeninguid põhitööks.

Baasväljaõppeperiood oli minu esimene kogemus Ameerika Ühendriikidega. Kaheksanädalane kava oli iseenesest lihtne. Mõnelt nõudis see pingutust, aga mina sain füüsiliste taluvuskatsetega lihtsasti hakkama ja emotsionaalsed taluvuskatsed olid suhteliselt leebed võrreldes lapsepõlveaegsete sõjakogemustega. Baasväljaõpe oli esimene samm eesmärgi poole, mille nimel olin sõjaväkke tulnud. Lahingukogemust mul polnud, aga Teine maailmasõda oli suur osa minu lapsepõlvest. Tahtsin venelastele kätte maksta kogu valu eest, mida nad mu perekonnale ja kodumaale olid põhjustanud, ja nüüd tundsin, et liigun eesmärgile lähemale. Seepärast panin hoolega tähele, kui 10. eriväeüksuse ohvitserid Lodge-Philbini seaduse raames teenistusse tulnutele ettekannet pidama tulid.

10. langevarju üksuse seersant loetles põhjuseid, miks tema üksusega liituda tasub. "Teenite rohkem raha. Ülesanded on huvitavamad. Keegi ei käsuta teid kaevikut kaevama. Mis teil selle vastu saab olla?" Töö iseloomu kirjeldas ta samuti sirgjooneliselt: "Saate 50 dollarit hüppe eest ja hüppamiskoolis hüpatakse väga palju. Seepärast ongi selle nimi hüppamiskool."

Jäin mõttesse. Mulle ei meeldinud lennukist välja hüpata, ainsaks abivahendiks siidist langevari. Teisest küljest, kui iga hüppe eest saab 50 dollarit... Kuulasin seersanti edasi.

"10. eriväeüksus viib läbi kogu sõjaväe kõige tähtsamaid ja ohtlikumaid missioone. Lähete rindejoone taha vaenlase territooriumile. Tapate salaja. Õõnestate Nõukogude Liidu tegevust seestpoolt jälgi jätmata. See pole lihtne, aga..." Nüüd hakkas mu fantaasia lendama. Mälupildid põgenemisest pealetungivate venelaste eest segunesid kujutlustega uutest seiklustest. Nende koosmõju oli vastupandamatu. Kuna saadaval oli enamatki kui lennukist allahüppamine, hakkas seersandi jutt mulle meeldima. Saabunud oli hea võimalus vaba Eesti eest võidelda nagu onu Paul.

"Ja kuhu me alla kirjutame?" küsisin endalegi ootamatult. Noored, kes minuga koos seersandi ettekannet kuulasid, vaatasid minu poole. Seersant naeratas: "Tule siiapoole, poiss."

Niiviisi määrati mind baasväljaõppelt 10. eriväeüksuse õhuväljaõppesse Põhja-Carolinas Fort Braggis, aga ülemineku vahel jäi kuu aega vabaks, mis oli hea võimalus minna New Yorki uudistama, mis Fort Dixist kuigi kaugele ei jäänud. Tahtsin näha suurlinna saginat ja kogeda seda Ameerikat, millest Euroopas väga palju räägiti.

Võtsime kaks nädalat puhkust koos paari teise sõduriga, kes olid Fort Braggi määratud, ja läksime rongiga Manhattanile. Leidsime YMCA öömaja. Päeviti jalutasime linnas ringi, käisime Vabadusesamba ja teiste vaatamisväärsustega tutvumas. Mitu korda vaatasime Yankee staadionil pesapalli. Pesapall paistis ainulaadselt ameerikalik ja mind vaimustas mitmetuhandepealise rahvamassiga sellele imelikule kolmetunnisele mängule kaasa elada. Mängu jooksul jõudsin mitu õlut juua, pesapalli reeglitega tutvuda ja ameerikalikku käitumist õppida.

Varsti aga pidime jälle teenistusse asuma ja rongiga Fort Braggi sõitma. Rongis oli õnneks baar ja lisaks tõime enda jooke kaasa, et teenistusse tagasipöördumine libedalt läheks. Kõik läkski libedalt, kuid kui rong Põhja-Carolinasse jõudis, lõpetas rongi baar alkoholi müümise, sest Põhja-Carolina oli sellel ajal kuiv osariik. Nii mõnelegi meist, mina kaasa arvatud, valmistas see pettumust, aga ehk oligi parem Fort Braggi siiski kainemana kohale ilmuda.

10. eriväeüksuse väljaõpe tähendas hüppamiskooli, nagu seersant oli öelnud. Mõned missioonid eeldasid lennudessanti kaugele rindejoone taha, mistõttu kõik pidid langevarjuritunnistuse välja teenima. Kellel langevarjuõppus ebaõnnestus, seda ootasid ees tüütumad ja igavamad ülesanded. Seda ei tahtnud ma endale osaks langeda lasta.

Hüppamiskool osutus märksa pingelisemaks kui baasväljaõpe. Pingutust kruviti äärmuseni. Kõndimine keelati ära. Nõuti topeltkiirust, nii et läksime igale poole pooljoostes. Söögiruumi sissepääsu ees rippus kang ja igaüks pidi kümme korda lõuga tõmbama nii sisse tulles kui ka väljudes. Füüsiline pinge oli nii äärmuslik, et meie joogivesi oli segatud soolaga, et kompenseerida higistamisega kaotatud soola. See kord oli baasväljaõppest palju rangem ja mul oli päris raske teistega võisteldes oma pingutust ja väsimust mitte välja näidata.

Ent minu jaoks kõige raskemaks osutusid langevarjuhüpped. Kolme kilomeetri kõrgusel õhus vaatasin Douglas C-47 avatud luugist välja ja tundsin esimest korda, et mu julgus on tõsiselt proovil. Lennukimootorid mürisesid ja tuul vihises valjult, aga kui kätte jõudis minu kord hüpata, jäi kõik hetkeks imelikult vait. Teoorias oli mulle õpetatud, mismoodi laskumisel keerisesse sattumist vältida ning kuidas ja millal langevarju avada. Hüppamise hetkel ma aga teooriast ei mõelnud. Kogu mu elu jooksis silme eest läbi kuni käesoleva hetkeni ja siis kõik seiskus. Unustasin ennast täiesti ja jõllitasin tuimalt lennukist välja. Mõistus oli nagu puhtaks pühitud, just nagu sõda poleks kunagi olnud, just nagu ma poleks kodumaalt põgenenud, just nagu ma oleks siia lennukisse sattunud mingil endale arusaamatul põhjusel.

Järjekorras minu ees olev mees kukutas ennast lennukiuksest välja ja oligi läinud. Siis oli käes minu kord. Äkitselt tuli ajataju tuhinaga tagasi. Taas mõistuse juures, käisin teooria veel kord üle ja otsisin enda all maisipõldude keskel maandumiskohta. Põllupiirid kasvasid suuremaks, aga palju aeglasemalt, kui olin arvanud. Sõdurid, kes enne mind olid hüpanud, avasid oma langevarjud poole minuti pärast. Nägin, kuidas minu all langevarjud ükshaaval avanesid ja mina neile lähenesin. Määratud ajal tõmbasin minagi oma langevarju lahti ja mu laskumine aeglustus järsult.

   Siis sööstis keegi karjudes minust mööda. Nägin, kuidas üks sõduritest kinnise langevarjuga allapoole langes. Selleks ajaks oleks tal pidanud langevari juba lahti olema. Miski ehk takistas langevarju avanemast. Saabus hetk mil tal oli veel kümme sekundit aega langevari korda saada. Imekombel õnnestus tal teise sõduri langevarjust kinni krabada ja nad maandusid kahekesi pööreldes märgist mööda. Nad said maandumisel tublisti põrutada, aga asi lõppes vaid sinikatega. Sellel päeval jäid õnneks kõik ellu.

   Lisaks langevarjuhüpetele õpetati meile muid oskusi, mida 10. eriväeüksuse mittekonventsionaalse sõjapidamise missioonidel vaja läks. Nende oskuste hulka kuulusid lõhkamine ja lõhkeainetega ümberkäimine, luureoskused, põgenemine ja varjumine, relvade kasutamine ja lähivõitlus. Ühel kursusel isegi õpetati, kuidas pahaaimamatul vaenlasel kael kahekorra käänata.

   See koolitus ei jäänud vaid teoreetiliseks. Väejuhid teadsid, et Nõukogude sõjaväelasi oli Euroopas märksa rohkem kui liitlasväelasi. Kui venelased otsustaks rünnata umbes sama massiivselt kui Saksamaa vastu sõdides, siis liitlasväed ei suudaks rinnet kaitsta. Rindejoone tugevdamise asemel keskendus liitlasvägede juhtkond viivitus- ja eksitamisstrateegiale, et vajaduse korral Nõukogude vägedele kaugemal lääne pool edukalt vastu panna. Selle strateegiaga kaasnes mõte salajasest grupeeringust, mis vaenlase tagalas varjatult tegutseks. Ameerika Ühendriikide sõjaväes polnud sellist grupeeringut alguses olemas, mistõttu 1952. aastal loodi just selleks otstarbeks 10. eriväeüksus. Eriväeüksustel oli luba äärmuslikke proovikatseid läbi viia, et nende mehed oleksid kõikvõimalikeks ootamatusteks valmis. Komandörid võisid oma sõdureid inimvaenulikule kõnnumaale lennutada, käskida neil lennukist väga vähese varustusega alla hüpata ja iseseisvalt tagasitee leida. Kui mind oli Fort Braggis mõni nädal treenitud, jäeti mind Floridasse Evergladesi 45-kaliibrilise püstoli ja ühe magasinitäie kuulidega. Luureõppe mõistes oli tegu ühe harjutushüppega, millesarnaseid tuli palju läbi teha. Jõudsin Evergladesist baasi tagasi mitu päeva hiljem ühegi vigastuseta, kui sajad sääsehammustused välja arvata.

Väljaõppe peamine eesmärk oli Euroopas sõjaliseks kriisiks ette valmistada sellised sõdurid, kes vaenlase tagalas põrandaaluse luure ja vastutegevusega tegeleksid. Meie eesmärgi uudsuse tõttu oli ka väljaõpe täiesti enneolematu. Lähivõitlust ja langevarjuhüppeid tuli ette mujalgi eliitvägedes, aga 10. eriväeüksuse kavasse kuulus mõneti eksootilisemaid manöövreid. Õpetati allveelaevast vee all väljuma ja märkamatult rannale ujuma. Harjutasime öiseid langevarjuhüppeid, kus maandumiskohta näitas ainult maapealne lõke.

Ma olin üks sajast Ida-Euroopa vabatahtlikust, kes Lodge-Philbini seaduse raames eriväeüksustega liitus. Nii mõnedki neist langesid välja hüppamiskoolis või muu treeningu käigus. Mitmed ei tahtnud eriväeüksusse jääda, vaid eelistasid tavapärasemaid ülesandeid. Ent minu kodumaa saatus venelaste võimutsemise all andis mulle tahtejõudu see väljaõpe eeskujulikult läbida. Kui venelased poleks mu peret kodumaalt lahkuma sundinud, poleks minust saanud Ameerika Ühendriikide sõdurit, veel vähem eriüksuslast. Lodge-Philbini seadus tegi väkkeastumise võimalikuks, aga Nõukogude Liidu käitumine oli seda tugevalt tagant tõuganud. Minul oli soov anda oma panus võitluses selle riigi vastu, kes meid kodumaalt lahkuma oli sundinud. Olin eesmärgile täielikult pühendunud ja nüüd tegudeks valmis.

5. PEATÜKK

Põhja-Korea

Kahjuks kujunevad asjad tihtilugu omal viisil. Minu esimene missioon polnud Venemaaga seotud. Korea sõda lõppes vaherahulepinguga 1953. aastal, aga sellel ajal, kui mina Fort Braggis õppustel olin, toetasid Ameerika Ühendriigid Lõuna-Koreat ikka veel edasi. Tavalised 10. eriväeüksuse liikmed seda ei teadnud, aga Ameerika tugi Lõuna-Koreale tähendas muuhulgas operatsioone rindejoone taga. Peeti kasulikuks aeg-ajalt Põhja-Korea sõdureid kinni võtta, neid üle kuulata ja meie vangilangenute vastu vahetada. Seepärast valmistati eriväelased ette Põhja-Korea territooriumile sisenemiseks luure ja pantvangide võtmise eesmärgil.

Minu esimeseks missiooniks sai just selline ülesanne. Plaan oli sirgjooneline: hüppa ööpimeduses vaenlase territooriumile, leia vähekaitstud piirivalvepatrull, võta sealt pantvang ja too pantvang märkamatult Lõuna-Koreasse. Olin pisut ärevil, ent võtsin seda missiooni kui järjekordset väljaõppeharjutust. Olime selliseid Fort Braggis aasta jooksul juba tosinkond teinud.

Lend Lõuna-Koreasse kulges üle Vaikse ookeani ja oli nii pikk, et mul oli aega järele mõelda, millised erinevused väljaõppe ja missiooni vahel on. Esiteks taipasin, et õppustel oli abi alati ligidal. Seevastu välismaal sõjalisel missioonil olles ei saanud otsesõnu abiväge kutsuda ega isegi oma olukorda selgitada. Läbikukkumine võis olla parandamatu ja kordaminek võidi maha vaikida, nagu seda poleks kunagi olnud. Luuraja pidi olema nagu kummitus — selline kummitus, kes pantvange võtab.

Missiooni seisukohast oli oluline, et ameeriklaste käigust Põhja-Koreasse jälgi ei jää. Kui meid seal kinni võetaks või märgataks, tekiks rahvusvaheline konflikt, mis ohustaks vaherahulepingut. Võtsime tarvitusele kõikvõimalikud ettevaatusabinõud. Kolm päeva sõime ainult korea toitu, et isegi väljaheited, mis meist maha jäävad, tunduksid olevat kohalikud ega ärataks kahtlust.

Kuna rindejoone taga polnud sõbralikke jõude ees ootamas, siis keegi meie jaoks laskumiskohta valmis ei sättinud. Selle asemel oli ette nähtud, et mina ja viis võitluskaaslast maandume langevarjuga pimeduskatte all järve, mis asub piirist 40 kilomeetrit põhja pool. Sõime oma viimase vürtsika korea eine, seadsime ennast valmis ja hüppasime Douglas C-47 pardalt alla. Laskumine kulges vahejuhtumiteta ja meie sulpsamine järve jäi märkamatuks. Järvevesi oli külm – oli ju oktoober –, kuid tirisime läbimärjad seljakotid kaldale ja liikusime ettevaatlikult metsast läbi ettemääratud kursil põhjakorealaste eelpostile ligemale.

Järgneva mõne päeva jooksul jälgisime kuuekesi liikumisi vaenlase laagris. Eesmärgiks oli teha valik, kas rünnata varustusveokeid või patrullsõidukeid, mis laagrist sisse ja välja sõitsid. Sobilik sihtmärk oleks auto ühe-kahe mehega, mis liigub kindla plaani järgi. Üks patrull väljus igal varahommikul samal ajal ja vastas meie kriteeriumidele. Iga päev täpselt kell pool seitse sõitsid baasist välja kaks meest veoautoga ja tegid metsas väikese ringsõidu. Nad paistsid relvastamata. Eeldasime, et saame meestest kergesti jagu, kui neid ootamatult ründame. Jälgisime neid veel üks päev, et täiesti kindel olla, ja viisime siis oma kavatsused ellu.

Rünnakueelsel õhtul võtsime sisse positsiooni tee ääres, liikudes ettevaatlikult ja jälgi peites. Tund aega enne päikesetõusu lükkasime kividest ja suurtest puuokstest teetõkke kokku ja peitsime ennast selle ligidale. Olime eelpostist liiga kaugel, et näha, kas väravad olid oodatult lahti läinud. Seepärast tundsin kergendust veoauto mürinat kuuldes, kui see õigel ajal metsateed pidi lignes. Auto ilmus nähtavale ja peatus järsult, kui juht takistust märkas. Üheskoos kargasime peidukohast välja ja sihtisime püstolitega, karjudes inglise keeles meeste peale. Põhjakorealased reageerisid liiga aeglaselt ega jõudnud ennast kaitsta. Tirisime nad autost välja ja sidusime neil suud kinni. Lõikasime autol juhtmed läbi ja viisime oma kaks vangi relva ähvardusel metsa. Kõik toimus vähem kui 10 minutiga. Ühtegi lasku ei tulistatud.

Viisime pantvangid oma luurepessa ja olime valmis Lõuna-Koreasse tagasi lipsama. Kahe koostöötahtetu pantvangi kaasasvedamine tähendas, et 40-kilomeetrise metsase maa läbimiseks piirini kuluks kolm või neli päeva, samas kui ilma vangideta võib-olla ainult üks päev. Juba mõne tunni pärast märgataks Põhja-Korea eelpostis patrullmeeste puudumist, mistõttu oli väga tähtis esimesel päeval võimalikult kaugele jõuda. Liikusime nii kiiresti ja ettevaatlikult kui võimalik, et mitte otsijatele ette jääda. Seejärel liikusime paar päeva aeglasemalt ja hoolega jälgi peites lõuna poole. Kõige tähtsam polnud mitte liikumiskiirus, vaid et meid ei märgataks. Lõpuks ületasime Lõuna-Korea piiri ilma vahejuhtumiteta.

Varsti selgus, et meie kavatsused pantvangidelt Põhja-Korea kindlustuste kohta infot pinnida ja siis nad meie vangilangenute vastu vahetada ei pruugi teoks saada, sest nad polnud ülekuulamisel koostöövalmid. Jätsime selle ülesande tsiviilametnikele, kes Ameerika Ühendriikide sõjaväeüksuse juures töötasid — tõenäoliselt olid nad Luure Keskagentuurist, kuigi ma pole kindel, sest otsustasin mitte kunagi järele uurida. Igatahes meie eesmärgid ei nõudnud tingimata kahte pantvangi. Peatselt nägin, milline halastamatus salaoperatsioonidega võib kaasneda.

Mõned minu võitluskaaslased, mina ja tsiviilagent viisime põhjakorealased helikopterisõidule metsa kohal. Kui olime inimasustusest eemal, avati külguks ja meie õnnetutele pantvangidele tehti selgeks, et on kaks valikut: räägid või lendad alla. Kumbki põhjakorealane ei tahtnud ikka rääkida. Pidin pealt nägema, kuidas kaks ameeriklast krabasid ühel põhjakorealasel kraest ja lükkasid ta helikopterist alla. Ta kukkus karjudes metsa, mille kohal lendasime. Teine põhjakorealane tegi kabuhirmust suured silmad ja lubas rääkima hakata. Hoidsin istmest tugevasti kinni ja üritasin oma vapustust sisemiselt maandada. Helikopter pöördus laagri poole tagasi. Pilt kukkuvast põhjakorealasest ketras mu silme ees kogu tagasisõidu aja.

6. PEATÜKK

Saksamaa

Koreas sain esimest korda aimu, mis tunne on vaenlase territooriumil tegutseda. Kuigi kümnepäevane katsumus oli üpris libedalt läinud, pidasin nari mugavamaks kui metsas magamist ja mul oli hea meel pärast missiooni lõppu Ameerika Ühendriikidesse naasta. Olin Ühendriikide sõjaväes selleks, et kommunismivastasele tegevusele kaasa aidata, kuid tahtsin võidelda eelkõige Venemaa vastu Euroopas, mitte Aasias. Ja kuidas tõrksat Põhja-Korea sõdurit koheldi, sellest jäi halb maik suhu. Tahtsin, et Nõukogude okupatsioon minu kodumaal lõppeks. Olin tubli sõdur, kuid sel hetkel mõtlesin, et kas olin äkki vea teinud.

Vähem kui kaks kuud pärast Ameerika Ühendriikidesse naasmist sain õnneks käsu Saksamaale minna. Minu edu Koreas oli ilmselt märgatud ja mul kästi ühineda teiste väkkevõetutega, et toetada 10. eriväeüksuse mehi, kes olid juba Euroopas. Olin vaimustuses ja mu kahtlused haihtusid. Korea missiooni alusel võisin eeldada, et mind saadetakse sügavale Venemaa territooriumile, võib-olla isegi Eestisse. Üle Atlandi Euroopasse sõites oli mul aega unistada koju naasmisest.

1955. aastal tegutses 10. eriväeüksus Berliinis liitlasvägede okupatsioonitsoonis, kuid üksuse staap asus Bad Tölzis, sügaval Baieri Alpides. Staabikoht kuulus üksusele ja seda kasutati väljaõppekeskusena ja Berliini-väliste operatsioonide staabina. Kõik Ameerika Ühendriikidest õppustelt saabujad määrati esialgu Bad Tölzi, et tegevvõitleja eluga kohaneda.

Maabusime Saksamaal Bremerhavenis pärast seitsmepäevast meresõitu. Kaile astudes olin tänulik tugeva

jalgealuse eest, aga samas algas kontimurdev lossimistöö. Kaiäärsel mudasel teel seisis kolm veoautot ja käisime järjest edasi-tagasi trümmi ja autode vahet. Oli vaja kahte meest korraga, et tassida kaste ja raskeid seljakotte, kus olid meile tundmatud proviandid: sõdur teab ainult seda, mida on vaja teada. Kui olin mõned korrad laeva ja autode vahet käinud, kutsus veoautosid valvav ohvitser mind kõrvale.
"Hüppa keskmise veoauto rooli. Sõidame paar kilomeetrit seda teed pidi. Sõidad lihtsalt esimese auto järel."
Ma kõhklesin. Tundsin, kuidas mu kõrvad punaseks läksid.
"Mis viga on, poiss?" küsis ohvitser nõudlikult. Ta oli pikk, tumeda pea ja haukuva häälega. Tal oli pikk nina ja vasakul põsel sünnimärk, mida ma vestluse ajal vahtima jäin.
"Ma ei oska autot juhtida, härra ohvitser."
"Misasja?! Ei oska autot juhtida? Kurat küll neid eurooplasi oma linnadega. Nüüd õpid autot juhtima. Mine ja too mulle pliiats." Ta õngitses pintsakutaskust märkmiku välja. Pliiatsi toomine oli käsk, mida suutsin täita. Käisin teisel pool tänavat poes ja laenasin poeomanikult pliiatsi. Kui tagasi jõudsin, toetus ohvitser lastimist ootava puukasti najale ja asus kirjutama. Lõpuks ajas ta ennast sirgu ja ulatas mulle paberi, kus oli kirjas nii inglise kui ka saksa keeles:

"Autojuhiluba — Väljastatud _____-le Ameerika Ühendriikide Armee poolt."

"Kirjuta siia oma nimi," ütles ohvitser lüngale viidates. Ta andis pliiatsi mulle tagasi. "Ja nüüd liiguta!" Ma ei hakanud vaidlema, et märkmikupaberile kirjutatud juhiluba ei tähenda, et ma nüüd sõjaväeveoautot juhtida oskan. Kirjutasin lünka oma nime, sörkisin järjekorras teise auto juurde ja ronisin rooli taha. Olin piisavalt filme näinud, et põhiasjadest aru saada, ja uskusin, et tulen toime. Silmitsesin mõnda aega käigukangi, pedaale, rooli ja rooli taga asuvaid näidikuid. Ühtäkki veoauto minu ees käivitus. Vajutasin pedaalid alla, keerasin süütevõtit, ning tundsin ja nägin, kuidas mootor käivitus. Mu nägu tõmbus naerule. Pärast lühikest katsetamist sain käigu sisse ja auto hakkas eelmise järel sõitma. Polnudki väga keeruline!

Väljaõpe Fort Braggis oli olnud intensiivne, aga ma polnud ikkagi valmis selliseks ülivalvsuseks, mida Saksamaa üksus harrastas. Iga sõdur pidi elama nii, nagu järgmine sõda algaks kohe. Põhja-Carolinas oli mind üllatanud kõndimiskeeld, aga Saksamaal oli kord märksa pingelisem. Kõik relvad, reisitarbed ja sõiduvahendid pidid kogu aeg sõjaks valmis olema. See põhimõte lisandus Ameerika Ühendriikide tavapärasele sõjaväekorrale.

Et pidev valvelolek reameestele otstarbekam tunduks, korraldasid komandörid tihti ootamatuid põgenemis-varjumiskatseid. See vähemalt oli sama mis õppustel Ameerika Ühendriikides. Päev hiljem pärast Saksamaale saabumist puhkasin ajutises peatuskohas, mis meile ühes Bremerhaveni hotellis oli valmis seatud, kui seersant sisse tormas.

"Tofer, märkisin sind just praegu desertööriks."

"Miks nii, seersant?" küsisin valveseisakusse tõustes. Sain aru, et tegemist oli tõenäoliselt põgenemis-varjumiskatsega, aga see tasus üle täpsustada, et mitte kohe metsa punuma pista ja siis päriselt desertööriks sattuda.

"Ma kirjutasin raportisse, et põgenesid Nõukogude Liidu poolele kohe, kui Saksamaale jõudsid. Saksa julgeoleku andmetel oled varastanud informatsiooni eriüksuste tegevuse kohta ja tulid Euroopasse, et vaenlase poole üle joosta." Siinkohal pidas seersant dramaatilise pausi.

"Saksa politsei otsib sind taga. Hakka astuma, vaheta vormiriietus ära ja Bad Tölzis kanna enda saabumisest ette, kui sinna jõuad." Ohvitser pöördus minekule. Mul vajus süda saapasäärde, sest Bad Tölzini oli Bremerhavenist ligi 700 kilomeetrit. Jalgsiminek võtaks nädalaid ja nii pikaks retkeks polnud võimalik kõike vajalikku kaasa pakkida. "Edu sulle, poiss," ütles seersant üle õla ja sulges lahkudes enda järel ukse.

Asusin tegutsema. Kuna jalgsiminek võtaks liiga kaua, pidin leidma mingi muu mooduse. Esialgu kõndisin rahulikult hotellist välja ja tegin näo, et teen vaid väikese õhtuse jalutuskäigu värske õhu käes. Väljas hakkas juba ehatama, aga mind ei pidanud keegi kinni. Ma ei teadnud, kas see oli seepärast, et minu kohta polnud veel häiret antud või et valvesõduritel oligi kästud mind läbi lasta. Kuidas iganes sellega oli, algus läks ladusasti.

Meid majutav hotell asus Bremerhaveni idaserval, kust jõudsin varsti linnamajade vahele. Kõver munakivitee viis kesklinna poole. Kui hotell oli vaateväljast kadunud, aeglustasin sammu ja hakkasin plaani koostama. Esiteks tuli vormiriietusest vabaneda. Munder tegi minust silmatorkavalt Ameerika Ühendriikide sõduri. Ma ei teadnud, kauaks mulle aega oli antud, enne kui operatsiooni varjumise järk tõemeeli algab.

See harjutus polnud elu ja surma peale. Kui mind kinni püütaks, viidaks mind lihtsalt baasi tagasi ja pidanuksin õppust võtma, kuidas järgmine kord paremini toime tulla. Kaalul oli vaid minu eneseuhkus ja kuulsus. Üksuses oli teada minu edukas Korea missioon ja oleks suur häbi, kui mind nüüd vaevalt kilomeeter eemal üles leitaks. Kas sellepärast oligi mulle põgenemise ja varjumise katse määratud? Kas nad arvavad, et mulle on veel väljaõpet vaja? Lootsin, et Saksamaal toimuks selliseid harjutusi harvem. Ometi olin nüüd sellises olukorras. Lükkasin mõttetud küsimused peast välja ja keskendusin hetkel vajalikule: kuidas vormiriietest vabaneda.

Oma tavapärasel sammul jõudsin kümne minutiga kesklinna. Ent mul oli üks teine sihtkoht. Peatänav oli ääristatud restoranide ja kõrtsidega, lisaks üks džässiklubi. Lonkisin klubi ette, noogutasin sujuvalt uksehoidjale ja astusin külg ees sisse. Garderoobis polnud õnneks hetkel kedagi, muidu oleks võinud keeruliseks minna. Lappasin veidi aega saadaval olevate üleriiete sortimendis, leidsin pika musta mantli, mis üleni mu vormi kinni kattis — saabaste osas polnud kahjuks midagi ette võtta —, ja läksin klubist välja õhtusesse linna. Keegi mulle midagi ei öelnud, keegi järele ei hüüdnud, sestap olin nüüd pika musta mantliga mees.

Ainult niipalju olingi jõudnud plaanida. Rongi jaoks raha polnud. Autot polnud. Weseri jõgi, mida pidi oleks natuke edasi Bremenisse saanud, oli sobilik suurematele laevadele, mitte pisikesele paadile. Äkitselt meenus mulle, et olin varem sarnases olukorras olnud, nimelt sõjaväebaasi ligidal ühes Saksamaa linnas sihitult ringi hulkumas. See oli siis, kui Lodge-Philbini seaduse alusel üritasin sõjaväega liituda. Mõtlesin, et võiks teha nagu siis. Seckenheimis olin leidnud eestlasi, kes söögisaali pidasid, samal ajal kui mu avaldus sõjaväes vastust ootas. Kindlasti peaks ka Bremerhavenis eestlasi olema. Aga kuidas neid leida?

Läksin edasi kehvemasse linnaossa, otsides majade küljest märki, et seal elab keegi põhja poolt. Selliseid märke polnud, nii et valisin huupi. Koputanud ühele uksele, hoidsin näol lahket naeratust ja ootasin. Ukse avas keskealine härrasmees, väga puhta välimusega, prillid ees. Kindlalt sakslane. Ei vea. Eesti keeles rääkides palusin temalt abi, kuigi oli ilmselge, et ta minust aru ei saa. Olnud mõne hetke nõutu, vastas ta aeglaselt saksa keeles: "Vabandust, ma ei saa aidata."

Siis uks sulgus. Kordasin abipalvet mitme järgneva ukse juures samas kandis. Ma ei palunud heategevust, vaid esialgu lootsin, et keegi saab eesti keelest aru ja oskab mind edasi juhatada. Kuid pärast kolme katset hakkas mulle tunduma, et olen selles linnaosas juba liialt silma torganud. Noor mees koputab suvaliselt ustele ja räägib eesti keeles? See ei viinud soovitud tulemusele lähemale ja mind võidakse hoopis kätte saada.

Märkasin telefoniputkat ja astusin sinna. Telefoniputkades oli enamasti telefoniraamat, nii ka seal. Lugesin telefoniraamatut, mis oli loomulikult saksa nimesid täis, ja üritasin leida mõnda eesti nime. Lõpuks leidsin ühe ja jätsin selle aadressi meelde. Ma ei tundnud linna hästi, aga leidsin aadressi üles. Manasin veel kord näole lahke naeratuse ja koputasin.

Vanem daam avas ukse. Pidasin hetke aru, mida teha, ja otsustasin lihtsalt tõde öelda. Valetamiseks polnud põhjust ja üldiselt eelistasin mitte valetada, kui vähegi võimalik. Rääkisin, et osalen Ameerika Ühendriikide sõjaväes venelastevastastel õppustel ja õppusega seoses on minu ülesandeks kaassõdurite eest varjatult ühte sihtkohta jõuda. Iga uue üksikasja juures daami kortsus silmad läksid vaheldumisi üllatusest ümmarguseks või siis kitsenesid kahtlustavalt. Oli üsna keeruline ära arvata, kas ta mind usaldab. Ma ei osanud midagi muud teha, kui kõik ära rääkida kuni selleni, et täna ööseks on mulle peidukohta vaja ja kas ta oleks valmis aitama.

Kui olin oma uskumatu loo lõpetanud, järgnes hetk rasket vaikust. Ent siis ta vastas emalikult: "Jah, loomulikult," ja pärast veel ühte pausi: "Tulge edasi." Ta avas ukse laiemalt ja läks kööki teed tegema. Kui ta köögis askeldas, selgitasin, et pean Bad Tölzi jõudma, aga rongiraha pole. Kas raha küsimine oli tema jaoks liig või mitte, seda daam välja ei näidanud. Igatahes nõustus ta mulle rongiraha andma.

Järgmisel hommikul läksin rongi peale, mis sõitis läbi paljude maakohtade ja jõudis õhtuks. Andsin endast vahikomandörile teada, kes oli väga üllatunud ja õnnitles mind edu puhul. Teised minu üksuse esindajad Bremerhavenist olid alles poolel teel.

Kuigi tegu oli vaid väljaõppeharjutusega, siis see vahend, mille abil põgenemis-varjumiskatsel edu saavutasin, nimelt minu keele- ja kultuuritaust, oli just see, mille pärast Lodge-Philbini sõdureid Ameerika Ühendriikide eriväeüksustele vaja läks. Venelased olid kõigi jaoks ühine vaenlane, nii ameeriklastele, poolakatele, tšehhidele, eestlastele, leedulastele kui ka lätlastele. Kuid idaeurooplastel oli midagi, mida ameeriklastel polnud: väljarändajad ja sõjapõgenikud nende endiselt kodumaalt, kellega neil oli ühine keel ja ühine venevastane meelsus. Selliseid daame nagu see, kes oli aidanud minul varjuda, oli igas Saksamaa linnas. Ameeriklastel oli küll võimalik näiteks eesti keelt õppida ja mõni õppiski, aga eurooplase moodi välja näha ja käituda oskas ikkagi päris eurooplane.

Selliseid õppusi nagu minu esimene põgenemise ja varjumise katse Saksamaal ei toimunud palju, aga siiski piisavalt, et üksuse liikmetel kogunes küllalt muljeid ja kogemusi, mida omavahel jagada. Lisaks olid sellised õppused 10. eriväeüksuse põhieesmärki silmas pidades tähtsad, sest hoidsid üleval meeste operatiivset valmisolekut, mis oli kasulikum kui üldine hirm Nõukogude Liidu pealetungi ees.

Kuulsin ka ühest ebamaisest operatsioonist, kus kästi kolmel mehel Briti sõjaväe staapi imbuda ja jätta komandörile öösel voodi kõrvale kiri. Mina sellel operatsioonil ei osalenud ja ma ei saanud aru, mida 10. eriväeüksuse juhid sellise operatsiooniga saavutada tahtsid. Igatahes käsk oli käsk. Mehed läksid ja tulid tagasi, kui olid jätnud Briti armeekindralile kirjakese sisuga "Sa oled suruud"

7. PEATÜKK

Berliin

Kuna 10. eriväeüksuse staap asus osalibelt Berliinis, viidi meid mõne aja pärast sinna üle. Lääne-Berliinis tegutsemine nägi välja teisiti kui Bad Tölzis või kus iganes mujal, kus ma Saksamaal olin olnud. Saabusin Berliini 1955. aastal, mil linn oli jagatud, idapoolne osa Nõukogude Liidu võimu all ja Lääne-Berliin liitlasvägede administreerimise all. Kogu Ida-Saksamaa Berliini linna ümber oli Nõukogude okupatsioonitsoon, nii et liitlasvägede kants Lääne-Berliinis oli nagu saareke Nõukogude võimu ookeanis. Kokkuleppel Nõukogude väejuhtkonnaga tohtis üks rong päevas Frankfurdi ja Berliini vahet inimesi, kaupu ja varustust vedada. Iga inimhing ja saadetis oli mõlemalt poolt arvel, aga kuna 10. eriväeüksuse liikmed pidid olema varjatud, siis pandi meid kirja 7. armee sõduritena, kes Berliinis Ühendriikide tsoonis korda valvasid. Oli oluline, et 10. eriväeüksuse meeste tegevus ja hulk Berliinis ja ümbruskonnas saladusse jääks.

10. eriväeüksuse salajast iseloomu pidi alal hoidma mitte ainult Berliini sisse- ja väljasõidul, vaid igal ajal. Üksuse ohvitseridel oli oma staap, aga sõdurid pidid ise omale linnast elamise leidma, et käimised ja kohtumised oleksid diskreetsemad. Mitmed kasutasid võimalust Lääne-Berliini naistega sõprust sobitada, kes olid vägagi abivalmis ja lahked ameeriklastega, kellel oli raha, mida kulutada. Vormiriideid kandsime harva. Sõjaväelt sain erariided ja hoolikalt kokku pandud katteloo, mille järgi olin kohalikus restoranis nõudepesija. Üksus oli nii hajali, et sain teiste oma üksuse meestega harva kokku, ja selle asemel moodustasime mitteametlikke operatiivsalkasid. Ainult 10. eriväeüksuse

komandör teadis, kes meie üksuse liikmed on ja millega nad tegelevad. Sedasi olime paremini kaitstud, sest kui üks meie omadest venelaste kätte vangi langeks, ei ole tal võimalik kogu üksust paljastada. Meil olid isegi tsüaniidikapslid aluspesu sisse õmmeldud. Kui meie ainus valik oli venelaste piinamise all kaasvõitlejaid reeta, siis kapsel andis väljapääsu. Isegi Berliini kaitsejõudude ohvitserid ei teadnud, et nende haldusalal tegutsesid eriväeüksuslased.

Üks 10. eriväeüksuse lahinguülesannetest oli venelaste tuumahoidlate asukoht välja uurida, et sissetungi korral oleks võimalik nende tuumavõimekust kahjustada. Teave hoidlate koordinaatide ja sisemuse kohta oli rangelt salastatud. See oli samaaegselt kõige olulisem teave ja kõige raskem välja uurida. Õnneks oli Nõukogude Liidu okupeeritud Berliini osas Venemaa-vastane meelsus valdav.

Linna tänavatega tutvunud ja oma katteloo paika saanud, sai minu esimeseks ülesandeks Rootsi passi kasutades Ida-Berliini minna ja linnakodanikke leida, kes oleksid valmis liitlasvägedega koostööd tegema. Nagu õppustelgi, toetusin ka nüüd oma eesti taustale, et võimalikke sissisõdalasi leida. Peaaegu ükski eestlane ei sallinud venelasi ja seepärast oli eestlasi lihtne värvata, kui nad nägid, et ka mina olen eestlane. Rajasin kerge vaevaga antikommunistide võrgustiku, kust Nõukogude vägede ja relvastuse liikumiste kohta teavet sain. Sellise info peale ei saanud kohe reageerida, aga pikapeale võis selle alusel aimata, milles konvois võis olla tuumarelvi või kus võidakse uut maa-alust hoidlat ehitada. See töö oli aeglane, aga tasus ennast ära.

Enamus päevi tegelesin oma näilise eraeluga, jälgides inimesi enda ümber. Venelasid saatsid pidevalt Lääne-Berliini oma agente nii nagu ameeriklased enda omi Ida-Berliini. Iga märk tavainimese käitumise muutusest võis viidata venelaste luuretegevusele. Tuntud või oletatavatest vaenlase agentidest anti teada teistele 10. eriväeüksuse meestele, et rohkem tähelepanekuid teha ja liikumisi jälgida. Mõnikord päästis selline jälitustegevus elusid.

1956. aasta suvel paljastas Nõukogude luure ühe 10. eriväeüksuslase isiku. Nii palju kui mulle teada, ei kahtlustanud venelased mind otseselt kunagi. Minu eeliseks oli viie keele oskus, kaasa arvatud inglise keel, ja täiesti ehtne Rootsi pass. Kuigi olin Ameerika Ühendriikide sõdur, olin Ameerikas viibinud vaid mõne kuu baasväljaõppel ja hüppamiskoolis. Ma nägin välja ja rääkisin nagu eurooplane, sest see ma olin. Mille alusel võisid venelased kahtlustada, et olen Ameerika Ühendriikide sõdur? See sõdur, kellele venelased jälile said, polnud Euroopas üles kasvanud. Ta oli pärit Ühendriikide loodeosast. Läti aktsent, mida ta kattelugu eeldas, ilmselt vedas alt, kui ta Ida-Berliini külastas. Sedasi sattus ohtu nii ta ise kui ka tema otsesed kontaktid meie üksuses ning juhtkond tegi ettevalmistusi tema ärakutsumiseks. Sedasi kaotaksime tema võrgustiku Ida-Berliinis, aga ainus teine valik oleks venelasi kuidagi uskuma panna, et ta on ära läinud, enne kui venelased ta ise kõrvaldavad. Õnneks värbasid venelased ameeriklase välimusega mehi samamoodi nagu ameeriklased minusuguseid eurooplasi. Teadsin ühte Nõukogude agenti, keda olin mitu kuud jälginud ja kellel oli samasugune kehahoiak ja üldine näojume nagu meie paljastatud kaasvõitlejal. Mu peas küpses plaan.

Mul läks paar päeva aega, et see Nõukogude agent üles leida. Jälitasin teda veel mõne päeva ja panin tähele, et ta läks tavaliselt Lääne-Berliinist itta igal teisel päeval hommikuses liiklusmassis. Siis läksin ka ise Ida-Berliini. 10. eriväeüksusele oli teada mitu kõrtsi, kust valjemini sosistatud sõnad kindlalt Nõukogude luure kõrvu jõudsid. Ma polnud kindel, kas äraandjaks oli kõrtsmik või keegi püsikundedest, aga kuulujutte korjasid nad väga kergesti üles. Läksin ja võtsin õlut ning poetasin muuseas, et teatud ameeriklane läbib piiripunkti teatud kellaajal, mis oli tegelikult selle Nõukogude agendi tavapärane piiriületusaeg. Lootsin, et venelased teevad omaenda mehele haarangu. Järgmisel päeval jälgisin eemalt piiriületuskohta, kust Nõukogude agent tavatses läbi minna. Venelased olid õnge läinud ja võtsid omaenda mehe kinni. Mitme päeva pärast saime oma võrgustiku kaudu teada, et see vennike ei suutnud oma ülekuulajaid veenda, et on üks nende omadest, ja nad olevat ta viinud linna taha ja maha lasknud. Meie kaasvõitleja aga pääses eluga ja võis oma võrgustikku tagalas edasi arendada.

Minu jälitustegevus Berliinis vaheldus selliste käikudega ida pool. Kõige tavalisem põhjus piiriületamiseks oli sidepidamine oma võrgustiku eraisikutega, aga kohtusin ka täielikult itta sulandunud Ameerika sõduritega, kellelt ettekandeid vastu võtsin. Kohalikest koosneva võrgustiku rajamine oli aeganõudev, mistõttu saadeti mõned 10. eriväeüksuse sõdurid pikaaegsele missioonile teisele poole raudset eesriiet. Sedasi kindlustati ühtlane infovoog idast läände ja selle käigus kasutati mitmeid luurevõtteid, et üksteist ohu eest hoiatada või kohtumist kokku leppida. Teatud märk kokkulepitud maja nurgal või laternapostil võis tähendada kutset kohtumisele läänest tuleva sõduriga nagu mina. Päev hiljem ületaksin piiri ja kammiksin läbi mõned eeldatavad kohtumiskohad, kuni oma agendi üles leian. Tihtipeale polnud ma nendega varasemast tuttav — nemad tegutsesid Ida-Berliinis juba enne, kui mina 10. eriväeüksusega liitusin. Kasutasime üksteise äratundmiseks kokkuleppelisi märke nagu näiteks teatud värvi käevõrud.

  Ükskord jättis üks Ameerika agent märgi, millega soovis kiireloomulist kohtumist samal õhtul. Pidin hilisõhtuks ühte kohalikku restorani jõudma. Oleks olnud üpris kahtlustäratav üritada öösel tagasi Lääne-Berliini tulla, nii et pidin pärast kohtumist Ida-Berliinis salakorteris ööbima. See väljavaade mulle ei meeldinud. 10. eriväeüksuse valmisseatud salajastes tuhmilt valgustatud keldrikorterites magasin alati halvasti. Plaan oli pärastlõunal Ida-Berliini siseneda, jätta mulje, nagu külastan sugulast restorani ligidal kortermajas ja siis agendiga kohtuda.

  Kõik läks ladusasti, kuni jõudsin restorani. Sissepääsu juures miilutses noorpaar ja kuigi vihma tibutas, hoidis noormees kaabut käes ja vestles kaaslasega, juttu käeliigutustega rõhutades, nii et ta oma märjast peast ei hoolinud. Võib-olla vaidlevad millegi üle, mõtlesin neist mööda lipsates ja läksin sisse. Sissepääsu taga oli kahe meetri pikkune koridor, millele järgnes veel üks uks, mis viis restoranisaali. Sellise eeskojaga majaplaan oli tavaline ja takistas tänavajahedust köetud restoranisaali pääsemast, kui uus kunde siseneb. Raputasin vihmapiisad mantlilt maha, astusin sisemisele uksele ligemale ja piilusin läbi aknaruudu, mis oli ukse sees pea kõrgusel.

Oli alati parem kohtuda õhtuti, kui restoranid olid tavaliselt täis, ja hetkel oligi õhtusöögiaeg, ent saal oli tühjavõitu. Sinna oleks võinud üle kahekümne inimese einestama mahtuda, aga oli alla kümne. Veel tõsisem probleem oli, et kõik vaatasid ühte nurgalauas istuvat meest. Kolm meest seisis tema ümber, seljaga väljapääsu poole. Nägin istuvat meest just niipalju, et aru saada, et temaga pidingi kohtuma. Ta vehkis kätega ja hõbedane kahvel helkis tal käes. Ma taipasin, milles asi oli: ta oli kahvli paremasse kätte võtnud, kui liha oli lahti lõigatud. Ükski sakslane ega venelane nii ei tee, aga ameeriklastel pole vahet. Ja kui ameeriklane teeskleb Ida-Berliinis 1956. aastal, et on sakslane, siis tähendab see ainult ühte: oled spioon.

Kohtumine oli paljastatud. Protokolli järgi tuli mul nüüd lahkuda ja kontakteeruda hiljem uuesti, aga mu võitluskaaslane oli tõsises hädaolukorras. Üritasin kiiresti välja mõelda, kuidas vaenlase tähelepanu kõrvale juhtida, et kaassõdur saaks ehk põgeneda. Aga mis aitaks? Mida ette võtta? Kas sajan joobnut teeseldes läbi ukse sisse? Samal hetkel avanes mu selja taga tänavapoolne uks. Pöörasin end ringi ja nägin kahte suurekasvulist venelast sisenemas. Abiväed.

Olukord oli kontrolli alt väljunud. Instinktiivselt tegutsesin vastavalt juhistele ja väljaõppele. Ma ei tahtnud ameeriklast maha jätta, aga midagi polnud parata. Olime kahekesi vähemalt viie mehe vastu ja ilma tegevusplaanita.

Võtsin nii sundimatu asendi, kui suutsin, lasin venelased endast mööda ja läksin tänavale. Restorani söögisaali aknad olid tänava poole, aga paksud kardinad olid ees ja ma ei näinud sisse. Kõndisin ärritunult tänaval ja mõtlesin olukorra veel kord läbi, aga lahendust ei paistnud. Siis kuulsin üksikut püstolilasku öös ja mind valdas rusuv masendus. Püstolilask kõlas restoranitagusest hoovist. Mind vapustas, kui kiiresti hukkamine täide pandi, ja et vaid mõne minuti eest oleksin mina võinud samas lauas istuda ja mind oleks tabanud sama saatus. Jõudsin lõpuks salakorterisse, aga sellel öösel ei saanud sõba silmale.

8. PEATÜKK

Monaco

Töö 10. eriväeüksuses ei olnud kogu aeg elu ja surma peale. Nagu teisteski divisjonides, said meie mehed korralist puhkust, mille nad veetsid rindest eemal tagalas. Umbes iga poole aasta tagant tõmbusin Berliinist välja ja reisisin liitlas-Euroopas ringi või puhkasin baasis, mis asus linna ligidal, kus oli sõbraliku külastajaskonnaga joogikohti piisavalt, nii et meelelahutust oli küllaga. Puhkused olid väga teretulnud lõõgastus pärast pingelist tegutsemist Berliinis.

Ükskord läksin ühe 10. eriväeüksuse kaasvõitlejaga koos sellisele puhkusele Monacosse. Jalutasime koos selles linnriigikeses ringi, nautisime Vahemere-äärse kliima palavaid päevi ja parajaid öid. Minu jaoks oli see esimene kord näha maailmakuulsa ranna pehmet liiva ja erksinist vett. Kuulus *belle époque*-ajastu stiilis arhitektuur, nagu näiteks Monte Carlo kasiino ja ooperimaja, avaldas mulle sügavat muljet.

Me polnud seal kaugeltki ainsad ameeriklased. Monaco oli jõukate puhkajate hulgas soositud sihtkoht. Olime hotelli ligidal kohvikus, kui sain teada, et parajasti oodati kuulsa ameerika näitleja Grace Kelly ja Monaco vürsti Rainier III pulmi, ja sellega seoses saabus kohale hulk muid kuulsusi. Need pulmad olid rahvusvahelise tähtsusega sündmus ja pidid järgmisel nädalavahetusel aset leidma. Kuulu järgi oli kutsutuid üle kolme tuhande ja hakkasin kohe nuputama, kuidas pulmakülaliseks pääseda. Monacos pidutseda on tore, aga veel toredam oleks Monaco vürsti pulmi tähistada rahvusvaheliste kuulsuste keskel.

Natuke asja üle mõtisklenud, pöördusin puhkusekaaslase poole ja ütlesin: "Ricky, mul tuli mõte."

Ricky ägises, sest kui minul oli mõte, siis tema aimas halba. "No mis mõte seekord, Rein?"

"Läheme ja imbume pulmakülaliste sekka." Ricky purskas naerma, ilmselt arvates või lootes, et teen nalja. Jätkasin: "See peaks suhteliselt lihtne olema. Üürime ühe auto, tead küll, luksusauto nagu kõigil teistelgi, kes sellistel pidudel käivad. Üks meist on autojuht, sõidame värava ette ja meid lastakse vabalt sisse."

"See pole mingil juhul nii lihtne," vaidles Ricky vastu. "Nad peavad kindlalt kutseid ette näitama või midagi sellist."

"Midagi väga hullu ei juhtu. Äärmisel juhul visatakse meid välja," vastasin, müksates teda õlaga. "Aga kui sisse pääseme, mõtle, keda me näha saame. Need on Grace Kelly pulmad! Isegi Frank Sinatra tuleb võib-olla kohale. Teeme proovi."

Ricky ei uskunud minu ettepaneku edusse, aga ma tüütasin teda sellega mõnda aega, kuni ta nõusse jäi. Lahkusime kohvikust, leidsime ülikondade laenutamise koha ja siis otsisime üles autolaenutuse. Aga kumb meist autojuhti mängib ja kumb kuulsust, keda sõidutatakse? Viskasime kulli ja kirja. Mina võitsin.

"Loomulikult," nurises Ricky, kui mina tagaistmele ronisin, õnnelik naeratus näol. Ricky oli halb kaotaja. Sõitsime Hôtel de Paris poole, kus laulatustseremooniajärgne vastuvõtt pidi toimuma.

Sõitsime aeglaselt üles kõverat juurdesõiduteed pidi, mille ääres kasvasid palmid ja täiuslikult pöetud muru. Viimase kurvi taga avanes vaatepilt tohutule lumivalgele hoonele, mille fassaadis olid suured aknad ja uhked skulptuurid. Ricky peatas auto paraadtrepi ees ja mina astusin enesekindlalt autost välja. Ricky vaatas umbusklikult, kui uksehoidja aupaklikult kummardas ja viisaka käeliigutusega mind peauksest sisse juhatas. Naeratasin ja noogutasin uksehoidjale, samas kui varjatult tegin Ricky suunas võiduka käemärgi.

"Lollil veab," kirus Ricky parkimisalale edasi sõites. Tal õnnestus külguksest sisse lipsata ja siis otsis ta mind vastuvõtusaali kogunenud külalistemassi seast üles. Kui teda liginemas nägin, tervitasin teda avasüli ja ütlesin naeratades: "Siin me oleme!" Külaliste kogunemine iseenesest oli üsna imeline vaatepilt. Põhisündmus polnud veel alanudki, aga juba nägin mitut Hollywoodi kuulsust, keda tundsin — Cary Grant ja Ava Gardner olid minust just mööda jalutanud. Liikusime rahva hulgas ringi ja meil õnnestus edasi-tagasi sagivate kelnerite kandikutelt mitu suupistet põske pista. Külalistemass oli nii suur, et arvasin, et võiksime terveks ööks siia jääda, kui me vaid väga silma ei torka või kogemata matslikult ei käitu.

Kui baarileti üles leidsime, lasime julgesti endale kokteile segada. Ringlesime külaliste hulgas rohkem kui tund aega, maitsesime jooke, imetlesime kullaga pealistatud puitdekoratsioone, imposantseid portreemaale seintel ja maailmakuulsusi rahva seas. Vaata aga vaata — Gloria Swanson!

Siis helistati kella ja külalised kogunesid ukse juurde, kust ilmselt pääses edasi suuremasse pidusaali. Võtsime järjekorda ja imestasin selle üle, kuidas siia majja nii palju külalisi ja saale mahub. Ootasin juba, et saaksin näha kõiki kuulsaid kohaletulnuid üheskoos laua ääres istumas ja omavahel vestlemas. Kuid järjekorras seistes märkasime midagi kahtlast — teise saali uksel seisis mees, kes iga külalisega paar sõna vahetas. Kuidas teda veenda, et meiegi olime siin pulmapeol täiesti omas elemendis? Olin juba kolm kokteili joonud ja selle toel mõtlesin sujuvalt paar lugu välja: Olen Grace Kelly sugulane ja teenin Ameerika Ühendriikide armeeüksuses Monacos! Olen vana peretuttava poeg! Kui järjekord oli ligemale jõudnud, müksas Ricky mind ja sosistas: "Ta vaatab kutseid üle."

Tõepoolest oli näha, kuidas iga külaline võttis välja peente kirjadega trükitud kaardikese. Võis olla nii, et lauas on ettemääratud istumiskord ja külalised juhatatakse nende jaoks ettenähtud kohale. Vaatasime Rickyga üksteisele otsa, noogutasime üksmeeles, tagurdasime järjekorrast välja ja lahkusime peauksest. Pääsesime takistuseta aprilliõhtusele tänavale värske õhu kätte tagasi. Kui olime piisavalt kaugel, puhkesime naerma. Pühkisin silmist naerupisaraid ja ütlesin pettumust teeseldes: "Ma vean dollari peale kihla, et õhtusöögiks serveeritakse homaari."

Tegelikult oli õnnelik juhus, et meid kogu selle aja jooksul ei avastatud. Kaks ülikonda riietatud sõdurpoissi maailmakuulsuste keskel — kas selline juhtum jäetaks niisama sinnapaika?

9. PEATÜKK

Euroopa tander

10. eriväeüksuse esialgne eesmärk seisnes Berliinis raudse eesriide taha imbumises ja kommunismivastasuse õhutamises. Kuid meie edu 1950-ndate aastate alguses oli nii suur, et otsustati tegevusala laiendada. Sain ülesandeid, mis viisid mind Berliini tänavatelt üha kaugemale.

Juulis viis Nõukogude Liit oma väed Fulda linna Lääne-Saksamaa okupatsioonitsooni piiri ligidal. Piiririkkumine oli vähem kui sada meetrit ja tegu polnud mitte sissetungiga, vaid venelased pigem tegid näo, nagu piir olekski seal. See oli ülbe käitumine, aga sõjalise vastulöögi andmine oleks tähendanud eskalatsiooni. Minu ülesandeks sai venelastele selgeks teha, et nad pole teretulnud — ilma et sõda puhkeks.

Piiriületus metsas Nõukogude väeüksusest põhja pool oli lihtne. Küsimus oli, et mis asi — peale pähelastud kuuli — võiks Nõukogude sõdurit mõjutada tagasi tõmbuma? Mismoodi oleks mul võimalik saata vaenlase juhtkonnale sõnum, et liitlased jälgivad olukorda hoolega ega salli agressiooni ei praegu ega tulevikus? Ma teadsin täpselt, mida ette võtta.

Mulle tuli abiks kaks vabatahtlikku. Niipea kui pimedaks läks, ületasime tihedalt metsases kohas umbes kilomeeter maad meie sihtmärgist põhja pool okupatsioonitsooni piiri. Siis hiilisime lõuna suunas Nõukogude laagrile ligemale, möödusime vahipostidest, laskemoonaladudest ja toiduhoidlatest ning saabusime lagendiku servale, kus sõdurite telkide kõrval seisis rivi tanke. Nüüd oli vaja muda ja sellel juulikuul oligi Saksamaal tublisti vihma sadanud.

Kõigest viieteistkümne minutiga toppisime kõigil kuuel tankil summutid muda täis. Muda oli sealsamas kõrval kraavis, täpselt sobiva tihkusega, piisavalt märg, et seda summutiauku toppida ja piisavalt sitke, et hommikuks taheneda, nii et teda pole enam lihtne välja puhastada. Plaanis oli juba samal öösel omade juurde tagasi jõuda, aga ma tahtsin väga pealt näha, kuidas venelased tõrkuvate tankide üle kiruvad. Veensin oma kahte kaaslast, et vaatepilt tasub kuhjaga ära, nii et jäime laagri kõrval künkal kükitades hommikut ootama. Koiduvalguses piilusime binokliga, kuidas venelased käsi laiutasid ja ärritunult ringi jooksid, kui tankid vaid mõneks sekundiks käivitusid ja siis välja surid. Mis iganes ettevõtmisi sissetungijad selleks päevaks olid kavatsenud, kõik läks neil nurja. Meie läksime Lääne-Saksamaale tagasi, olles eduga igati rahul. Selliseid käike tuli veel teha, aga venelased lahkusid vaidlusalasest metsatukast vähem kui nädalaga.

    Kuna oskasin soravalt rootsi keelt, saadeti mind ka mitu korda Rootsi. Rootsi oli Teise maailmasõja ajal erapooletu, mis tekitas informatsiooni ja kaupade jaoks musta turu, kust kõik sõja osapooled kasu said. Veel kaua pärast sõja lõppu oli Rootsi liitlasvägede ja Nõukogude Liidu vaheliste salaoperatsioonide tallermaaks. 1957. aastal saadeti mind laevaga Rootsi idakaldale, et uurida, kas on mõistlik agente mootorpaatidega üle Läänemere vaenlase tagalasse saata. Mõte oli teha midagi vastupidist suurele paadipõgenemisele, mille mu isa oli 13 aastat varem läbi teinud. Ameerika Ühendriigid kaalusid, kuidas mehi Eesti rannikule saata, kust nad märkamatult sisemaale edasi läheksid. Pidin minema Rootsi kaldaäärsetesse linnadesse, et leida paate ja randumiskohti, mida võiksime kasutada. Et seda ülesannet kiirelt ja märkamatult teostada, pidin leidma võimalikult moodsad mootorpaadid. Paatide omanikud tuli loomulikult nõusse saada ja neil ei tohtinud olla sidemeid kommunistidega.

    Mäletan, kuidas Vaxholmi paadisadamas seisin ja üle Läänemere Eesti poole vaatasin. Mind valdas tusk. Olin ette valmistamas missiooni vaenlase tagalasse oma kodumaale, kus ma polnud 12 aastat käinud. Olin lootnud, et Ameerika Ühendriikide sõjaväega liitudes pääsen lõpuks koju tagasi, aga nüüd olin juba kolmandat aastat sõjaväes ja polnud kindel, et mind Eestisse määratakse. Sõjaväeteenistus viis mind Saksamaale ja Rootsi, kus olin varem põgenikuna elanud, aga Eestisse mitte. Vähemalt seni mitte. Olin käinud Evergladesis ja Põhja-Koreas. Veel oli natuke lootust, et kunagi avaneb võimalus ka kodumaad uuesti näha. Seniks aga olin sunnitud Berliini oma koduks pidama, kuna seal oli meie operatsioonibaas.

Järgmine rahvusvaheline missioon polnud samuti Eestisse. Selle asemel läksin jälle Rootsi ja maandusin Bromma lennujaamas Stockholmis. 1958. aastal sai Berliini lennujaamast edasi ainult kolme lennufirmaga — British Airways, Air France, ja Pan Am. Astusin Pan Ami otselennule Berliinist Brommasse koos ühe teise eriväeüksuslasega. Meie ülesandeks oli Nõukogude saatkonda jälgida. Sõjaväe juhtkond kahtlustas, et venelased saatsid saatkonna kaudu agente liitlasvägede territooriumile. Kahtlustus oli täiesti loomulik, sest meie tegime samamoodi. Kui ameeriklased nii teevad, siis võis oletada, et ka venelased nii teevad.

Kaassõduriga koos üürisime esimese korruse korteri Nõukogude saatkonna vastas ja valmistasime ette tavapärase jälgimisoperatsiooni. Tegelesime jälgimisega kordamööda. Üks pidas vahti, kui teine sõi ja magas. See oli võimalikest operatsiooniliikidest kõige igavam ega olnud mulle meelt mööda. Kolm päeva jälgisime saatkonda hoolega, piiludes iga autot, mis saatkonda tuli ja sealt lahkus. Olemine läks päev-päevalt talumatumaks, sest mitte midagi ei juhtunud. Meie ülesanne oli agente avastada, aga me ei avastanud ühtegi. Neljandal päeval sai mu kannatus lõpuks otsa.

Sellel ööl käskisin kaassõduril kaamerad kolm korrust ülespoole viia. Ülemise korruse korterist sai ülevalt alla tänavale vaadata. Sealt oli palju raskem jälgida autosõitjaid ja -juhte, aga avanes märksa selgem vaade saatkonna ülemiste korruste akendele, kus võis olla liikumist samal ajal, kui autod tulid ja läksid. Järgmise päeva pärastlõunal vaatasin ühte lahkuvat Nõukogude sõidukit ja sain lõpuks aru, miks me seni ühtegi jälitatavat polnud näinud — keegi peitis ennast auto tagaistme juures põrandal, nii et esimeselt korruselt polnud teda võimalik näha. Lõpuks ometi olime agendi avastanud! Kandsin tulemusest ette Ameerika Ühendriikide saatkonda Stockholmis, lugesin missiooni lõppenuks ja piinav vahipidamine sai läbi.

Kuigi minu teenistuse ajal 10. eriväeüksuses osalesin operatsioonides mitmes kohas Läänemere ümber, ei määratud mind kordagi Eestisse. Palju hiljem sain teada, et minu luuretegevust Rootsis kasutati ühe agendi saatmiseks Lätti. Kuigi tahtsin väga ise sellisele missioonile saada, võib kokkuvõttes öelda, et õnneks nii ei läinud. Lätisse saadetud agendile saadi varsti jälile ja ta sai Riia ligidal venelastega tulevahetuses surma. Et seda Läti-missiooni mulle ei antud, seda võib pidada üheks paljudest nappidest pääsemistest minu teenistuse jooksul 10. eriväeüksuses.

Ükskord said 10. eriväeüksuse liikmed rutiinse põrandaaluse kontakti käigus teada, et Münchenis, päevapikkuse rongisõidu kaugusel oli Nõukogude spioone. Sellel missioonil osalesin minagi ja ülesandeks oli ohu allikas elimineerida. Nõukogude spioonide eesmärk polnud selge, aga mida kiiremini me neile jälile jõuame, seda kiiremini saame nende tegevuse peatada, ja seda vähem tõenäoline oleks, et nad jõuavad Ida-Saksamaale tagasi tõmbuda.

Minuga oli kaasas kolm liiget 10. eriväeüksusest, kellega läksin Berliini-Frankfurdi rongile ja istusime ümber Müncheni rongile. Kuigi München oli Ameerika okuptsioonitsoonis, oli meil käsk varjatult reisida. Kahtlustati, et liitlasvägede luureüksustes on Nõukogude äraandjaid. Kindlalt oli meile teada, et Saksa *Bereitschaftspolizei*, millest oli Lääne-Saksamaal paramilitaarne luureorganisatsioon kujunenud, oli spioone täis. Kui uudis meie Münchenisse minekust nende kõrvu jõuaks, võib Nõukogude spioonide kamp plehku pista. Seepärast reisisimegi saladuskatte all.

Sedasi ei saanud me Münchenis sõbralike jõudude abile loota, aga sellest polnudki väga lugu. Berliinis tegutsesime samamoodi, nii et selles polnud midagi erilist.

Luureraport oli olnud väga põhjalik, nii et kohale jõudes teadsime täpselt, kust sihtmärke otsima hakata. Asusime kohvikuid ja restorane läbi kammima ning leidsime spioonikamba üheainsa õhtuga Schwabingi linnaosast ühest väiksest kõrtsisaalist. Protokolli järgi oleksime pidanud neid vargsi ootama, neid nende salakorterini jälitama ja siis neid ootamatult ründama kas öösel või sobival hetkel, kui nad olid väljumas või sisenemas. Ent väike kõrtsisaal pakkus teist tõhusat võimalust — ühe käsigranaadiga saadaksime nad kõik korraga teise ilma. Ainsaks probleemiks olid juuresolevad eraisikud.

    Koos veel ühe kaassõduriga läksime kõrtsisaali ja võtsime joogid. Venelasi oli neli ja nad istusid üheskoos taganurgas. Neil oli laual nii täis kui ka pooltäis viinaklaase. Kell oli pool üksteist õhtul ja umbes 15 minuti jooksul käisime saali läbi ja teatasime diskreetselt kõigile teistele kundedele, et nad peavad hiljemalt kell 11 lahkuma. Aegamisi kõrtsisaal tühjenes, aga olime nii ettevaatlikult toimetanud, et uksel trügimist ei toimunud ja venelased ei märganud midagi. Neil polnudki tähelepanuks mahti, sest nad tellisid aina viina juurde.

    Täpselt kell 11 lahkusin ka ise ja noogutasin kõrtsmikule, et nüüd on aeg. Seda panid venelased lõpuks tähele. Nad vaatasid ringi ja leidsid ennast tühjast saalist. "Nüüd!" hüüdsin ja avasin ukse tänavale, kus üks meie meestest oli käsigranaadiga valmis. Ta tõmbas splindi välja, viskas granaadi saali ja mina lõin ukse pauguga kinni. Kuulda oli valju vandumist ja siis toimus plahvatus.

    Eraisikuid hoiatades polnud meile pähe tulnud, et keegi neist võiks politseisse helistada. Kui granaat plahvatas, kostis juba politseiauto sireen meie asukohale liginemas, et pommitajad kinni võtta. Pistsime kõik jooksu. Arreteerimise puhul oleks ilmselt olnud võimalik selgitada, et oleme Ameerika sõdurid ja hukkunud olid Nõukogude spioonid.

Tapmine vastuluure käigus polnud seaduse silmis mõrvaga võrdsustatav. Kuid sellel hetkel olime just kõrtsisaali segi pommitanud ja politseil ei pruukinud meie jaoks kannatust jaguda. Polnud ka tahtmist Saksa vangla põrandal ööd veeta ega püstolitorusse vahtides selgitusi anda. Paar tänavavahet edasi varastasime sõiduauto ja kiirustasime linnast välja. Kui linnast välja jõudsime, jätsime auto sinnapaika ja leidsime mahajäetud küüni, kus saime ennast peita, kuni oht möödas. Kummaline küll, et pidime Ameerika Ühendriikide okupatsioonitsoonis varjuma, aga 10. eriväeüksuse töö oligi sellise iseloomuga. Meie liitlasedki ei teadnud, kui ulatuslik meie salajane tegevus oli. Alles mitme päeva pärast saime turvaliselt jälle Münchenisse minna ja sealt rongiga Berliini staapi tagasi.

Rein Tofer 26-aastasena sõdurivormis.
Virginia, 1960

10. PEATÜKK

Väljumisplaan

Lodge-Philbini seaduse raames väkkevõetutele pakuti viieaastase teenistuse järel Ameerika Ühendriikide kodakondsust. Kui 1959. aasta lõpul oli mul ees raske valik. Kas soovin teenistust jätkata? Olin osalenud uuelaadses salasõjas ja andnud oma panuse, et 10. eriväeüksusel oli Berliini kaitsmisel keskne osa. Tugevdasime valmisolekut Nõukogude edasitungi vastu ja hoidsime ära tuumasõja. Selleks ajaks hakkasime kandma rohelisi barette, millest sai eriväeüksuslaste tunnus. Olin osalenud milleski erakordses, leidnud endale perekonna ja elu mõtte.

Teenistus 10. eriväeüksuses nõudis oma lõivu. Olin isiklikult tapnud mitukümmend venelast ja mul oli seljataga mitu nappi pääsemist nagu näiteks Mannheimis. Olin näinud kaassõdureid suremas. Lisaks olin leidnud Rootsist naise — Ingegerdi — ja kavatsesime varsti abielluda. 10. eriväeüksusel oli oluline osa Nõukogude võimu vastases võitluses Euroopas, aga sain aru, et Eesti vabastamiseks on vaja midagi enamat kui sabotaažimissioonid. Selleks kuluks palju aastaid, kui see üleüldse õnnestub. Mina olin oma aja teenistuses läbi teinud ja nüüd olid olemas uued mehed, kes võitlust jätkavad. Pärast viit pingelist aastat otsustasin, et olen endast kõik andnud.

Ma ei teadnud, mida järgmiseks ette võtta. Teatasin üksuse juhtkonnale, et ei kavatse oma lepingut pikendada, aga muud plaani mul polnud. Viimased neli aastat olin olnud varjus, vahetanud nimesid ja missioone. Ameerikas olin veetnud ainult mõned kuud ja 26-aastasena tundus hirmuäratav sinna kolida. Ma ei teadnud, kuhu elama asuda ja mis tööd tegema hakata. Oleksin võinud ka Rootsi vanemate juurde minna, aga siis poleks ma Ameerika Ühendriikide kodakondsust saanud, mille üks eeldus oli, et pean Ameerikas elama. Sõjaväeteenistusest lahkudes oli mulle vaja kattelugu, millega eraellu sulanduda. Niisama lihtsalt sõjaväest otse Ameerikasse minna ei tulnud kõne allagi. Olin väga mures, et venelased jälgivad mu liikumisi ja avastavad, et seesama eestlane, kes Berliinist ära kadus, on nüüd Ameerikas pinnale ilmunud. Nad võisid mu üles leida ja kätte saada.

Kõigepealt palusin, et mind 10. eriväeüksusest üle kantaks lihtsasse varustajarolli Ameerikas. See oli magushapu elumuudatus, kui Berliiniga hüvasti jätsin — linnaga, mis oli mulle koduks olnud, ja meestega, keda vendadeks pidasin. 1960. aasta alguses sain Virginias Fort Lees varustusülema koha. See töö seisnes suures paberimajanduses, inventuurides ja inspektsioonides. 10. eriväeüksusega võrreldes oli see väga igav, aga enne lõplikku sammu pidin olema kannatlik. Töötasin seal pool aastat ja siis alustasin eraelu Virginias Petersburgis.

Selle poole aasta jooksul sain üllatava kutse. Mind kutsuti Washingtoni kodakondsustseremooniale. Minu Ameerika kodakondsusdokumendid olid ametlikult kinnitatud. Ma polnud isegi avaldust esitanud, sest mõtlesin, et hiljem jõuan, kui eraelu alustan. Kuid sõjavägi oli seda minu eest teinud. Võtsin ette kahetunnise sõidu Petersburgist Washingtoni ja seal Kapitooliumi varjus andsin tõotuse, millega Ameerika Ühendriikide kodanikuks sain.

Kodakondsus käes, polnud mul enam mingeid takistusi eraelus tööd leida. Tundsin mõningaid endisi sõjaväelasi, kes Bostonis elasid, ja võtsin nendega ühendust. Midagi kindlat polnud, aga nad ütlesid, et kindlasti leiab midagi, kui sinna kolin. Bostoni kliima sarnanes Eesti ja Rootsiga rohkem kui Virginia kliima. Boston oli mere ligidal nagu Tallinn ning talved ja kevaded olid pikad nagu Stockholmis. Parajasti oli maikuu ja tahtsin juba Virginia kuuma suve käest eemale. Sõjaväe reeglite järgi võisin teenistusse tagasi minna ilma auastet kaotamata, kui teenistusest lahkumisest oli vähem kui kuus kuud möödas. Seega mõtlesin, et lähen teen Bostonis katset ja vaatan, kuidas meeldib. Kui sellest midagi välja ei tule, võin sõjaväkke tagasi minna. 1960. aasta juunis leidis aset auga välja teenitud erruminek minu viis ja pool aastat kestnud tegevteenistusest. Leidsin Massachusettsis töökoha kahu me jain elama mitmeks aastaks. Tihti mõtlen tagasi oma viimasele otsusele sõdurina. Kui Bostonisse kolimine oleks ebaõnnestunud, oleksin sõjaväkke tagasi läinud ja Berliinis edasi võidelnud. Kuid kui mõni mu missioon oleks teisiti lõppenud, poleks ma kunagi Ameerikasse jõudnud. Kui mu vanemad poleks Eestist 1941. aastal lahkunud, oleksime ehk Siberi vangilaagris oma otsa leidnud. Ent minul õnnestus anda oma väike panus külmas sõjas Eesti vabastamise nimel, nagu onu Paul andis Teises maailmasõjas.

Kui Ameerikasse elama läksin, oli Eesti ikka veel kindlalt Nõukogude võimu all, aga mingil määral olin suutnud selle eest kätte maksta. Minu kättemaksupalang oli väiksem, aga hõõgus edasi nii 60-ndatel, 70-ndatel kui ka 80-ndatel. 90-ndatel pärast raudse eesriide langemist külastasin lõpuks Eestit uuesti. Olin veetnud viiskümmend aastat, kogu elu paguluses. Tagasi pöördudes hankisin perekonna talu tagasi ja uurisin välja, mis saatus vanaemale, onu Paulile ja onu Fritzule oli osaks langenud. Suurema osa 20. sajandist oli Eesti veetnud Vene okupatsiooni all, aga nüüd lõpuks oli Eesti vaba maa. Ka mina olin vaba.

Rein abikaasa Ingegerdiga pärast Ameerika Ühendriikide kodakondsuse saamist. Virginia, 1960

Järellugu

Töötasin automüüjana kui mind hüüti: "Rein! Siin on klient, kes tahab sinuga proovisõidule minna."
"Mida? Kas täna pole mitte Johni päev? Las ta sõidab Johniga," hüüdsin tagasi. Hakkasin siiski kontori poole astuma. Mul polnud aimugi, miks klient sooviks just minuga proovisõidule minna. Olin siin töötanud aasta aega ja mul oli otsekohese tööka automüüja maine, kellega võis äri teha. Ma ei silunud halbu asju üle, kuigi oskasin ka auto eeliseid esile tuua. See oli müügimeeste hulgas tavaline ja mina polnud Brocktonis mingi erand.

Mõne minuti pärast kutsuti mind hõigates: "Sind oodatakse, Rein!" Ägisesin pahuralt ja kõndisin aeglaselt peahoonesse kontorisse. Seal ootas mind pikk keskealine mees, pilk aknast välja tänava poole suunatud. Kui ta minu poole pöördus, läks ta kandiline nägu naerule, aga sõbralikkust ma temas ei adunud. Ta silmad olid külmad ja karmid. Ma ei tundnud teda ära ja ta välimus ei meeldinud mulle.

"Tere, Rein!" ütles võõras ja ulatas tervituseks käe. "Läheme ja teeme sõitu."

Ebalevalt ja äraootavalt järgnesin mehele, kui ta sammus täiesti tavalise viis aastat vana Chevy Bel Airi suunas. Ta istus juhi kohale. Mina sisenesin teiselt poolt juhikoha kõrvale ja vaatasin seda imeliku olemisega meest. Klient oli alguses vagusi ja paistis hoolega kuulavat mootorimürinat, kui ta auto käivitas. Siis sõitsime automüügikohast välja päikeselisele tänavale. Vaikus oli pingeline, aga ootasin kannatlikult. Mõne aja pärast hakkas mees nimesid nimetama.

Mul tõusid juuksed püsti, kui selle võõra mehe suust oma perekonna ja lähedaste nimesid kuulsin. Ma polnud neist kedagi näinud sellest ajast, kui lapsena Eestist põgenesin. See maailmajagu oli minu ees kinni raudse eesriide taga. Järelikult peab see mees olema raudse eesriide tagant, Nõukogude spioon... mis omakorda tähendab, et ta teab täpselt, kes mina olen. Ma jäin rahulikuks. Selliseks olukorraks oli mind välja õpetatud.

"Nad kõik elavad õnnelikult seal, kus neile meeldib," ütles võõras mees. "Sina võid ka nendega koos elada. Sind oodatakse kodus väga."

Kodumaa. Kodumaa oli koht, mida olin tihti meenutanud, kuigi polnud kindel, kas seda elu sees enam näen. Mu silme eest jooksid läbi mälestuspildid hobustest, kellega olime ratsutanud, ja koertest, kellega olime jahil käinud. Piilusin silmanurgast võõrast meest ja mõtlesin hoolega, kuidas vastata.

Ma ei jõudnudki vastata, kui spioon tuli pakkumisega lagedale. Mulle anti võimalus Eestisse naasta ja Nõukogude luureagentuuriga liituda. Minu teadmised liitlaste eriväeüksustest olevat erakordselt hinnatud ja mulle võimaldatavat vastavat elatustaset. Raudse eesriide taga olevat ohutu ja mugav elu, perekonna ligidal, ja autode müügiga pole vaja tegeleda.

"Saad kaks nädalat mõtlemisaega." Minu kõhklust tajudes lasi mees auto vabakäigule ja pidas tähendusrikka pausi. "Parem oleks, kui see jutuajamine meie vahele jääb. Kui kellelegi sõna poetad, pean su ilusat naist külastama. Tean, et talle meeldib iga päev vannis käia. Oleks õnnetu lugu, kui ma ebasobival hetkel sisse astun ja ta kogemata vannis elektrilöögi kätte ära sureb." Ma pidasin paremaks ähvardusele mitte vastata ja ülejäänud sõit kulges vaikuses.

Võis arvata, et minevik mind eraelus päriselt maha ei jäta, aga minu jaoks oli õudne, et Nõukogude spioonid mind vähem kui aasta pärast minu erruminekut üles leidsid. Olin 10. eriväeüksusest lasknud ennast üle kanda ja töötasin enne erruminekut varustusülemana Virginias Fort Lees. Olin arvanud, et kui veedan teenistuse viimased päevad silmatorkamatult, siis sellega varjan 10. eriväeüksuses teenitud viis aastat ära. Vaenlase tagalas luurav Rein asendus varustusülem Reinuga. Tuli välja, et mingit asendust polnud toimunud.

27 aasta vanuselt ja elanud Ameerikas vähem kui aasta polnud mul kuigi palju valikuid. Samal õhtul arutasin valikud läbi oma abikaasa Ingegerdiga. Leppisime kokku, et riskidest hoolimata võtame ühendust ametivõimudega. Järgmisel hommikul helistasin Frankile, sõbrale sõduripäevilt, kes nüüd Föderaalse Juurdlusbüroo (FBI) Bostoni osakonnas töötas.

Järgmisel päeval oli mul Frankiga kohtumine tema kodus. Kuna venelane oli mind ähvardanud, pidasin vajalikuks madalat profiili hoida. Jutustasin Frankile kummalisest autokliendist algusest lõpuni kogu loo ära. Frank noogutas ükskõikselt kaasa. Lõpuks võttis Frank märkmiku välja ja sirgeldas sinna Nõukogude agendi kirjelduse ja auto numbrimärgi, mille olin meelde jätnud, kui agent minema sõitis. Oma tassist joomise vahelt kinnitas Frank mulle, et Föderaalne Juurdlusbüroo (FBI) "hoolitseb" asja eest. Ta keeldus täpsemalt selgitamast, mida ta ette võtab. Nõukogude agendi tähtaeg oli kaks nädalat ja see võis pikaks kujuneda.

Söögikohast läksin otsejoones relvapoodi ja ostsin pistoli. Siis läksin koju ja ütlesin Ingegerdile: "Kui mind kodus pole ja keegi koputab, siis tulista läbi ukse. Ära isegi küsi enne midagi. Lihtsalt tulista."

Ent Ingegerd polnud kunagi enne pistoli käsitsenud, nii et seadsin keldris sihtmärgi üles ja tegin talle alged selgeks. Just sellist olukorda olin tahtnud vältida, kui rohelistest barettidest erru olin läinud, aga nüüd arvasin, et see on kõige parem viis tema julgeolekut tagada. Sellel ööl käisin jutuajamise Nõukogude spiooniga veel kord mõttes üle ja mind jäi kummitama tema hääletoon sellel ajal, kui ta elektrilööki oli maininud. Kuna ähvardus oli abikaasa vastu suunatud, siis mõjus see kuidagi teisiti.

Natuke julgustamist ja tagantkiitmist ning Ingegerd tulistas juba mõne päeva pärast üsna kindlakäeliselt. Teadmine, et Ingegerd suudab ennast nüüd mingil määral kaitsta, võttis mult mõne mure vähemaks, aga mitte kõik. Ootasin väga, et Frank minuga ühendust võtaks ja võimalikult ruttu.

Töötasin autode müügikohas edasi ja ütlesin letiteenindajale, et kui mõni venelane ennast näole annab, siis visaku välja. Ent venelane ei andnud ennast näole — isegi siis mitte, kui kaks nädalat mööda sai. Mõne aja pärast küsisin Frankilt, et mis toimub, aga ta ei vastanud. Iga päev töölt koju sõites olid mu soolikad hirmust sõlmes, sest kartsin Ingegerdi pärast. Kahest nädalast sai kaks kuud ja ärevus meie elude pärast hakkas tasapisi vaibuma.

Ühel päeval umbes pool aastat hiljem saime Frankilt ootamatult küllakutse. Ta tähistas oma kodus Cape Codis püha Patricku päeva. Leppisime Ingegerdiga kokku, et tema küsib, sest minu järelepärimised olid kõik vastuseta jäänud. Kui pidu oli täies hoos, Frank heas tujus ja maani täis, siis Ingegerd võttis ta tantsima ja esitas küsimuse, mis meid vaevas.

Küsimusest aru saanud, vaatas Frank teda hetkeks umbusklikult ja puhkes siis naerma: "Ah see tüüp?!" Ta kummardus Ingegerdile ligemale, nii et keegi teine ei kuulnud, ja kinnitas talle: "Kullake, teda pole enam. Pole mõtet muretseda."

Lõpp

LISA

Reinu ema Leida Berliinis Saksa politseiga poseerimas.
Saksamaa, 1941

Rein 7-aastaselt emaga Berliini tänavatel.
Saksamaa, 1941

Rein (keskel) ema Leida (vasakul) ja onu Fritz (paremal) Berliinis, kui Nõukogude Liit esimest korda Eestit okupeeris. Saksamaa, 1941

Tallinna märtsipommitamisi (9. märts 1944) tähistav silt. Pildistatud Reinu külastuse ajal pärast Nõukogude Liidu lagunemist Tallinnas 1990-ndatel

Made in United States
North Haven, CT
08 May 2025